Irmgard J.M. Gempiel-Böll
Ottawa, March 1973.

FONTAINEBLEAU

VOLUME I

PLANCHES   PLATES

FONTAINEBLEAU

L'art en France   Art in France

1528–1610   1528–1610

VOLUME I

Une exposition organisée dans le cadre
de l'accord culturel entre la
France et le Canada par
L'Association Française
d'Action Artistique
avec le concours de la
Réunion des Musées nationaux de France
sous les auspices du
Ministère des Affaires extérieures
du Canada

Galerie nationale du Canada
Ottawa
1er mars – 15 avril 1973

An exhibition organized under the
terms of the Franco-Canadian
cultural agreement by the
Association Française
d'Action Artistique
in collaboration with the
Réunion des Musées nationaux de France
under the auspices of
The Ministry of External Affairs
for Canada

The National Gallery of Canada
Ottawa
1 March – 15 April 1973

PLANCHES   PLATES

TABLE DES MATIÈRES   CONTENTS

COMITÉ D'HONNEUR

Sous le haut patronage de
Son Excellence le très honorable Roland Michener, C.C., C.M.M., C.D.
Gouverneur général du Canada

FRANCE	CANADA
M. Pierre Messmer *Premier ministre*	Le très honorable Pierre Elliott Trudeau *Premier ministre*
M. Maurice Schumann *Ministre des Affaires étrangères*	L'honorable Mitchell Sharp *Secrétaire d'État aux Affaires extérieures*
M. Jacques Duhamel *Ministre des Affaires culturelles*	L'honorable Hugh Faulkner *Secrétaire d'État*
Son Excellence M. Jacques Viot *Ambassadeur de France au Canada*	Son Excellence M. Léo Cadieux *Ambassadeur du Canada en France*

AVANT-PROPOS

Je me réjouis du fait que le gouvernement français ait accepté, lors d'une réunion de la Commission mixte franco-canadienne, en septembre 1971, de présenter à la Galerie nationale du Canada une partie importante de l'exposition *L'École de Fontainebleau*.

À l'époque où le roi François Ier faisait appel à des artistes italiens et français pour orner son château de Fontainebleau, berceau de l'art français de la Renaissance, Jacques Cartier venait à trois reprises prendre possession de la terre d'Amérique qu'il a appelée la Nouvelle-France. En même temps, s'établissait l'unité de la langue française illustrée par les poètes de la Pléiade, se créait un humanisme représenté par Rabelais et par Montaigne, et s'affermissaient les bases de la culture française à laquelle tant de Canadiens se rattachent encore. Malgré les guerres et les bouleversements qu'a connus le XVIe siècle, les arts ont alors atteint en France un degré d'excellence et de beauté que reflète l'exposition *Fontainebleau*.

En 1971, nous avions eu déjà le privilège d'exposer, en vertu du même accord, les *Céramiques de France du Moyen Âge à la Révolution* au Musée des Beaux-Arts de Montréal et au Royal Ontario Museum de Toronto. En 1973, l'honneur nous est donné d'exposer à la Galerie nationale du Canada, un admirable ensemble d'œuvres d'art, peintures, dessins, gravures, sculptures, tapisseries, armures, créées dans le cadre royal de Fontainebleau. Au nom du gouvernement canadien, je tiens à remercier les ministres des Affaires étrangères et des Affaires culturelles de France pour leur générosité et leur appui. Je souhaite que d'autres initiatives de ce genre naissent de l'accord culturel entre la France et le Canada.

Mitchell Sharp
Secrétaire d'État aux
Affaires extérieures

COMITÉ D'ORGANISATION

FRANCE

M. Louis Joxe
Ambassadeur de France, Président de l'Association Française d'Action Artistique

M. Jacques Rigaud
Directeur du Cabinet du Ministre des Affaires culturelles

M. Pierre Laurent
Directeur général des Relations culturelles, scientifiques et techniques
au ministère des Affaires étrangères

M. Louis Delamare
Ministre plénipotentiaire, Chef des Services de la diffusion et des échanges culturels
au ministère des Affaires étrangères

M. Jean Chatelain
Directeur de la Réunion des Musées nationaux de France

M. André Burgaud
Directeur de l'Association Française d'Action Artistique

M. Hubert Landais
Inspecteur général et Adjoint au Directeur de la Réunion des Musées nationaux de France

M. Claude Ménard
Délégué général aux Expositions au ministère des Affaires culturelles

M. Bernard Poli
Conseiller culturel de l'ambassade de France au Canada

M. Gaston Diehl
Chargé de mission à la Direction générale des relations culturelles,
scientifiques et techniques au ministère des Affaires étrangères

Commissaire général: M. Michel Laclotte
Conservateur en chef du Département des peintures du musée du Louvre

Commissaire artistique: Mme Sylvie Béguin
Conservateur au Département des peintures du musée du Louvre

CANADA

M. Jean Ostiguy
Président du Conseil d'administration de la Corporation des musées nationaux du Canada

M. A. E. Ritchie
Sous-secrétaire d'État aux Affaires extérieures

M. Jules Léger
Sous-secrétaire d'État du Canada

M. Paul Tremblay
Sous-secrétaire d'État associé aux Affaires extérieures

M. Freeman Tovell
Directeur des Affaires culturelles au ministère des Affaires extérieures

Mlle Jean Sutherland Boggs
Directrice de la Galerie nationale du Canada

M. Jacques Asselin
Conseiller culturel de l'ambassade du Canada en France

M. Joseph Martin
Directeur adjoint de la Galerie nationale du Canada

M. Roger Plourde
Direction des Affaires culturelles au ministère des Affaires extérieures

Coordonnateur de l'exposition: **M. Myron Laskin, jr**
Conservateur chargé de recherches en art européen, Galerie nationale du Canada

PRÊTEURS

FRANCE

Collections privées

Anonymes, France
M. Pierre Berès, Paris
Famille de Germiny

Collections publiques

Musée Pincé, Angers
Musée des Beaux-Arts, Dijon
Musée national du château, Fontainebleau
Musée des Beaux-Arts, Orléans
Ville de Pacy-sur-Eure
Bibliothèque nationale, Paris
École des Beaux-Arts, Paris
Mobilier national, Paris
Musée de l'Armée, Paris
Musée des Arts décoratifs, Paris
Musée de Cluny, Paris
Musée du Louvre, Paris
Musée des Beaux-Arts, Rennes
Archives départementales de la Seine-Maritime, Rouen
Musée départemental des Antiquités, Rouen
Musée des Beaux-Arts, Tours

AUTRES PAYS

Collections privées

Anonymes, Londres et Canada
S. M. Elizabeth II, reine d'Angleterre
Dr Sydney J. Freedberg, Cambridge (Massachusetts)
M. et Mme H.W. Janson, New York
Herbert List, Munich
M. et Mme Germain Seligman, New York
Famille Ian Woodner, New York

Collections publiques

Rijksmuseum, Amsterdam
Fogg Art Museum, Cambridge (Massachusetts)
The Department of Printing and Graphic Arts, Harvard College Library,
Cambridge (Massachusetts)
The Art Institute of Chicago
The Cleveland Museum of Art
The Detroit Institute of Arts
Hessisches Landesmuseum, Darmstadt
The National Gallery of Scotland, Edimbourg
Musée de l'Ermitage, Leningrad
Cabinet des dessins de l'Université, Leyde
The Trustees of the British Museum, Londres
Courtauld Institute of Art, Londres
Musée des Beaux-Arts de Montréal
The Metropolitan Museum of Art, New York
The Pierpont Morgan Library, New York
Nasjonalgalleriet, Oslo
Galerie nationale du Canada, Ottawa
Visitors of the Ashmolean Museum, Oxford
The Art Museum, Princeton
California Palace of the Legion of Honor, San Francisco
John and Mable Ringling Museum of Art, Sarasota
The Toledo Museum of Art
Albertina, Vienne

REMERCIEMENTS

Le secrétaire d'État aux Affaires extérieures du Canada s'est réjoui, dans son avant-propos, du fructueux échange entre la France et le Canada, dont l'histoire, la culture, et une langue commune créent des liens réciproques de parenté et d'amitié. Il m'est agréable d'y ajouter des remerciements d'ordre professionnel et de rappeler que l'exposition *Fontainebleau* est le résultat d'une collaboration de plus en plus étroite entre les musées de France et les musées du Canada.

A la tête de la Réunion des Musées nationaux de France, M. Jean Chatelain administre de façon remarquable une importante équipe de spécialistes, historiens de l'art et muséologues, et veille sur un vaste ensemble de trésors artistiques. D'autre part, M. André Burgaud, directeur de l'Association Française d'Action Artistique réalise très efficacement le désir du gouvernement français de partager les richesses de la culture française avec les autres pays du monde. Nous avons pu, en travaillant à la préparation de l'exposition *Fontainebleau*, bénéficier, une fois de plus, de l'intérêt, du support et des conseils de M. Hubert Landais, inspecteur général et adjoint au directeur des Musées nationaux de France. La collaboration généreuse et constante de M. Gaston Diehl, chargé de mission à la Direction générale des relations culturelles, scientifiques et techniques au ministère des Affaires étrangères de France, nous a été extrêmement précieuse. Nous leur sommes reconnaissants de nous avoir aidés à résoudre les problèmes que pose la réalisation d'un tel projet.

C'est avec le musée du Louvre que la Galerie nationale établit étroitement ses rapports. Il est intéressant de rappeler ici, comme preuve de cette association naturelle, que, juste après qu'on eût convenu de présenter l'exposition de *Fontainebleau* au Canada, j'aie rencontré par hasard son commissaire, M. Michel Laclotte, conservateur en chef du Département des peintures du Louvre, dans un ascenseur de la Galerie nationale. M. Laclotte n'a cessé de nous soutenir de son appui et de nous accorder son amitié en partageant avec nous de façon désintéressée la passion de ce qui concerne les choses de l'art: les connaissances et l'information.

M. Laclotte me permettra, j'en suis sûre, d'accorder à Mme Sylvie Béguin, conservateur au Département des peintures du musée du Louvre, la plus grande part de mérite de cette exposition. Il est depuis longtemps connu dans le monde restreint des historiens de l'art que la spécialiste de la Renaissance qu'est Mme Béguin rêvait d'une grande exposition sur l'École de Fontainebleau. Tout en travaillant à la réalisation de son rêve, Mme Béguin accordait généreusement à la préparation de notre exposition une attention toute spéciale. L'exposition d'Ottawa lui doit autant que celle du Grand Palais à Paris. Les autres musées du monde nous envient la chance que nous avons de présenter le résultat du remarquable travail de recherche de Mme Béguin et des spécialistes auxquels elle a fait appel et qui forment le Comité d'organisation de l'exposition de Paris (voir la liste des membres de ce comité dans le volume II, page 7).

Plusieurs personnes nous ont conseillés et ont consenti le prêt d'œuvres à l'exposition d'Ottawa. Parmi celles-ci nous désirons remercier tout particulièrement les administrateurs et les conservateurs des musées suivants: au Louvre, M. Pierre Quoniam, directeur, M. Jacques Thirion, conservateur en chef du Département des sculptures, M. Maurice Sérullaz, conservateur en chef du Cabinet des dessins, Mlle Roseline Bacou, conservateur au Cabinet des dessins, et M. Bertrand Jestaz, conservateur au Département des objets d'art; à la Bibliothèque nationale, M. Étienne Dennery, administrateur général, et M. Jean Adhémar, conservateur en chef du Cabinet des estampes; et, finalement, M. Jean Coural, administrateur général du Mobilier national.

L'exposition *Fontainebleau* est le résultat d'un accord entre la France et le Canada autant que d'un rapport étroit entre la Réunion des Musées nationaux de France, l'Association Française d'Action Artistique et les musées canadiens, mais, sans le concours généreux des prêteurs, cette exposition, comme toute autre d'ailleurs, n'aurait pu être réalisée. Il est naturel que la plupart des œuvres viennent de France, des collections publiques et privées, et, ce qui est plus émouvant, du château de Fontainebleau dont le conservateur, M. Jean-Pierre Samoyault, doit être plus spécialement remercié. Mais nous devons également exprimer notre gratitude aux prêteurs des autres pays, d'Allemagne, d'Autriche, d'Écosse, des États-Unis, de Grande-Bretagne, de Hollande et d'Union soviétique. On trouvera leurs noms aux pages 12–13.

Il nous est agréable de remercier l'ambassadeur du Canada à Paris, M. Léo Cadieux, le conseiller culturel de l'ambassade, M. Jacques Asselin, et le personnel de l'ambassade pour leur infatigable contribution à la mise sur pied de l'exposition. La direction de la division des Affaires culturelles du ministère des Affaires extérieures du Canada a mis au point l'accord qui a rendu possible un tel projet et sa collaboration nous a été constamment nécessaire.

La Galerie nationale a utilisé les services de son directeur adjoint, M. Joseph Martin, comme intermédiaire auprès des autorités françaises, et a demandé à M. Myron Laskin, conservateur chargé de recherches en art européen, d'être le coordonnateur de l'exposition. M. Laskin a profité grandement de l'aide précieuse de Mme Béguin et il souhaite que soient particulièrement soulignés le support, la patience et la générosité de Mlle Irène Bizot, chef du Service des expositions de la Réunion des Musées nationaux, de Mme Germaine Tureau, administrateur du Service de documentation photographique des Musées nationaux, et de Mlle Anne Pingeot au service, à l'époque, du Département des peintures du Louvre. A Ottawa, Mlle Louise d'Argencourt a secondé les efforts de M. Laskin.

Jean Sutherland Boggs
Directrice
Galerie nationale du Canada

Fontainebleau
formes et symboles

Sans Fontainebleau, que serait l'art du XVIe siècle français? Un grand corps épars, difficile à saisir. Fontainebleau lui donne un visage. Des savants d'envergure comme Louis Dimier ont même posé autrefois que c'est là et là seulement que la culture de ce pays s'est enfin définie en assumant pleinement la Renaissance. Mais qu'est-ce que ce Fontainebleau, où serait né l'art moderne? D'innombrables châteaux ont enfermé des trésors d'art, dans un demi-secret. Des collections, des décors luxueux, des antiques même, on en voit de plus en plus souvent aux XVe et XVIe siècles dans les résidences princières. Mais un centre d'art, une espèce de capitale culturelle, c'est tout autre chose. Et nous hésitons instinctivement devant cette grande simplification. Nous sommes devenus indociles aux légendes historiques. L'explication de la vie artistique par le mécénat nous paraît incomplète et facile. C'est à travers la vitalité, les besoins, les passions de toute l'époque et de cette curieuse société française, qu'on voudrait apprécier l'originalité et l'importance possible de Fontainebleau.

Or, on trouve au départ ce qu'il y a de plus irréductiblement singulier et agaçant dans l'« événementiel », une décision imprévisible : l'embellissement d'un manoir médiocre à l'orée de la forêt de Bièvre pour lequel un roi téméraire et agité, au retour d'une captivité particulièrement humiliante, a brusquement manifesté sa prédilection. Création du besoin de prestige et du caprice. On est en 1528. Mais quand François Ier qui en avait fait sa maison, son « chez lui » (Du Cerceau), meurt dix-neuf ans plus tard, Fontainebleau continue à signifier quelque chose et sous les règnes suivants où les princes ne s'y intéressent guère, il n'est plus possible de le négliger. Plus curieux encore, ce château survit comme centre artistique à l'effondrement sanglant des derniers Valois, il reprend vie sous Henri IV et cette création de la fantaisie et du plaisir s'inscrit comme une expérience unique, sérieuse, au seuil du XVIIᵉ siècle.

Une chose est sûre : dans le second quart du XVIᵉ siècle trois princes ont transformé l'Occident en un tournoi d'honneur et de prestige. L'infatuation de leur rôle les poussait à convoquer les lettrés, à appeler des artistes, à entreprendre des demeures spectaculaires. Un seul a finalement réussi. Ce que Charles-Quint a cherché à Grenade, Henri VIII à Hampton Court et à Nonsuch, François Iᵉʳ l'a réalisé à Fontainebleau. On dit : la Réforme a interrompu l'élan de la Renaissance en Angleterre, la Contre-Réforme a dévié celui de l'Espagne. Mais le heurt de ces deux forces socio-politiques n'a pas moins profondément bouleversé la France. Et pourtant ce que Fontainebleau pouvait représenter n'a pas été brisé. C'est seulement en France que les importations méridionales ont été incorporées à une culture active et recomposées en un style susceptible d'être interrogé et adapté à son tour.

Mais qu'est-ce que l'art en France pendant ces trois quarts du siècle? Personne n'a encore pu le saisir dans ses mouvements compliqués et vivaces. On n'en finit pas d'énumérer les cycles disparus, les monuments ruinés. Il y a trop de noms d'artistes sans œuvres, trop de fragments épars sans auteur, trop de lacunes, trop d'oublis. Pourtant, depuis une trentaine d'années, l'image est devenue moins trouble grâce aux travaux d'une érudition qu'il est peut-être grand temps de faire connaître. L'exploration des archives, le classement des dessins, l'étude des gravures, le regroupement des sculptures, l'examen critique des peintures et des objets, l'attention portée aux tapisseries, ont peu à peu dégagé les articulations d'une sorte de massif artistique, dont l'immense exposition des Musées de France, longtemps attendue et soigneusement préparée, va pour la première fois révéler les charmes, les singularités et l'ampleur.

La monarchie des derniers Valois était à la fois désordonnée et obstinée. Les méfaits de l'incohérence et du cynisme sont horribles à voir; ils ont épouvanté Michelet à qui la Saint-Barthélemy a gâté toute l'époque. Celle-ci est pourtant traversée des développements fondamentaux que l'historien ne peut éluder : la recherche obstinée des fondements de l'État et la gestation d'une culture. Ces points de vue se combinent mal, mais l'histoire est la somme de données qui semblent s'exclure. Des études récentes ont montré l'intérêt de l'œuvre accompli par les légistes et les juristes français. On n'assimile plus naïvement les structures juridiques de la France à celle du monde romain. A travers des dissertations, parfois laborieuses, sur la féodalité, les droits régaliens, la tradition parlementaire, se forme et s'aiguise la conscience de l'originalité des institutions, des mœurs et des usages, de la valeur propre de la langue et finalement la notion d'une société et d'une culture qu'il ne sert à rien de vouloir ramener à d'autres modèles. Cette réflexion emprunte aux humanistes italiens leurs principes et leurs méthodes, mais avec les légistes « antiquaires » comme F. Baudouin, Ch. Dumoulin ou J. Bodin, elle prend une orientation qui est celle d'une véritable sociologie nationale. Bref, ce qui conclut l'évolution de toute l'époque, ce n'est pas seulement le superbe quant-à-soi de Montaigne, c'est aussi et surtout le faisceau nouveau de certitudes qui s'annonce dans un ouvrage comme celui d'Étienne Pasquier dont le titre est précisément *Recherches de la France* (Donald R. Kelley, *Foundations of modern historical scholarship: language, law and history in the french Renaissance*, Colombia University Press, 1970).

Or que signifie le développement de la culture préconisé et symbolisé par l'entreprise de Fontainebleau, bientôt appuyé et enrichi par le groupe brillant de la Pléiade? La répudiation totale des formes indigènes, la fin des traditions, l'adoption des ordres antiques, des « genres » de la Grèce et de Rome, l'entrée d'une compagnie envahissante de divinités, de héros et de figurants dont l'accoutrement, les drapés et la nudité même appartiennent à la Méditerranée. Au moment où la société française commence à se saisir dans sa différence, se prononce le ralliement sans réserve aux formes et aux fables méridionales, ce que dans les arts résume expressément l'entreprise de Fontainebleau. Tout est toujours fait de mouvements compensés. Le passé gothique prend de la consistance pour les historiens des institutions au moment où on s'éloigne de lui, et on discerne d'autant mieux ses marques profondes que l'impulsion de la culture est de le répudier plus vivement.

François d'Angoulême, sous des influences qu'on discerne encore assez mal, a voulu être l'agent d'une métamorphose. Les Italiens reconnaissaient en lui un disciple enthousiaste et sûr. Ils n'ont pas caché qu'ils comptaient sur son action pour éduquer la noblesse française, dont l'ignorance et la grossièreté leur avaient paru scandaleuses. *Dans l'oraison sur le trespas du roy François*, prononcée à l'Université de Paris le 7 mai 1547, le latiniste Galland a vu là un accomplissement historique. « *Nous estions a bien dire comme souches, tronches, busches ou pierres non polyes : mais par sa magnificence et bénignité de nature, maintenant sommes au moyen des lettres réduictz à toute modestie et honneste civilité. Nous soulions sous forme humaine offusquée des ténèbres d'ignorance laide et abominable estre lourdes et grosses bestes, à présent par l'institution en toutes bonnes sciences entendons quelque chose et sommes véritablement devenuz hommes. Avant ce roy, nous nous amusions seulement à ce qui se présentait à nos senz imbéciles, comme si les organes de nostre raison eussent été fermez, ni plus ni moins qu'ils sont en brutaulx insensez...* » Et l'éminent professeur (il venait d'être nommé en 1545 à la chaire de latin du Collège des lecteurs Royaux) conclut imperturbablement à l'apothéose de ce bienfaiteur des hommes. (*Oraison sur le Trespas du Roy François* traduite du latin en françois par Jean Martin, Paris, 1547). On a reconnu l'accent de Rabelais dans la lettre de Gargantua. Le mérite de la révolution culturelle est naturellement rapporté au Prince. Il devient ainsi aussi gigantesque et abstrait que Pantagruel (il en était d'ailleurs un peu le modèle). Depuis plus de dix ans on voyait sur la fresque de Fontainebleau le héros vainqueur de l'Ignorance au seuil du temple des dieux.

Un chantier universel?

L'ambassadeur du Roi à Venise, Lazare de Baïf, qui avait su lui concilier l'Arétin et avait failli décider Michel-Ange, envoya finalement en France, peut-être sur la recommandation de l'un et l'autre, un Florentin que les malheurs de mai 1527 avaient chassé de Rome. Le « new deal » de Fontainebleau commençait avec un personnage que sa capacité intellectuelle et sa compétence dans tous les arts imposa aisément : installé au château, nommé dès 1532 chanoine de la Sainte-Chapelle, soutenu de toutes les manières, il allait réaliser ce qui était le rêve de tout maître italien : comme Raphaël quinze ans plus tôt auprès de Léon X, et Jules Romain au même moment auprès de Frédéric Gonzague, devenir l'*impresario* d'une cour princière et celui qui lui donne un style. On fit venir d'autres peintres comme Luca Penni, et surtout, au terme de négociations qui nous échappent, un des assistants du chantier de Mantoue, le Primatice. C'est finalement sur le décor intérieur des appartements royaux et de la galerie que porta l'effort. En quelques années furent constituées des équipes nombreuses d'artisans du bois pour les lambris, plafonds et planchers, de techniciens du stuc et de la fresque. Vignole, Serlio, Cellini, paraissent à leur tour mais pour des raisons diverses ne se maintiennent pas aussi longtemps à la cour. La mort soudaine de maître Roux en 1540 laissa pour trente ans le champ libre au Primatice : devenu en 1544 abbé de Saint-Martin à Troyes et développant son activité vers l'architecture et la sculpture, il appela le Modénais Nicolo dell'Abate puis plus tard Ruggiero de Ruggieri. Il ne retint pas Salviati. Ce personnage de grande classe, inventeur de formes simples et élégantes, toujours en contact avec l'Italie, capable d'évoluer, donne l'impression d'avoir tout fait. Voilà, en bref, ce qui s'est passé. Il reste à le comprendre.

Les comptes des Bâtiments du Roi livrent les noms des collaborateurs des deux maîtres et jettent ainsi un jour sur l'extraordinaire animation du chantier au temps de la Galerie François Ier et des pavillons, puis au temps de la Galerie d'Ulysse. Les uns sont de simples artisans, les autres des artistes qui feront carrière. On démêle toujours assez mal la part des uns et des autres. Mais l'abondance exceptionnelle des dessins conservés permet d'évoquer les compositions perdues (Pavillon de Pomone, Appartement des Bains, Pavillon des Poesles...); elle compense même peut-être avantageusement dans certains cas la disparition d'ouvrages un peu guindés. C'est là un fait à peu près unique dans l'histoire. Si tant de dessins ont été préservés, c'est qu'on y sentait des chefs-d'œuvre. Leur variété reflète l'activité du chantier, l'esprit de l'école naissante. On assiste au réglage des compositions, à la mise au point des motifs; on observe le glissement des copies et les transpositions. Un superbe choix de pièces, commentées avec rigueur, restitue en quelque sorte le battement spécifique de cet art.

L'autre originalité, reconnue depuis que Bartsch a défini à partir des gravures « l'école de Fontainebleau », est le recours systématique à l'estampe. L'idée de graver les grands décors et de diffuser encadrements ou compositions comme des modèles est venue relativement tard, vers 1542, mais elle a pris une ampleur absolument sans précédent. Un beau travail a dévoilé récemment l'œuvre des principaux protagonistes et la différence assez notable de leur manière dans le traitement d'un répertoire commun. On ne sait rien sur les conditions du travail. Certaines planches datées de Fontainebleau ont un caractère d'essai. Mais le foisonnement de cette production est impressionnant; l'eau-forte de Fantuzzi et le burin de Milan étaient des nouveautés, dont on ne saurait exagérer les conséquences.

Les Comptes, avec leurs mentions méticuleuses des paiements, signalent la confection de « patrons » d'après les compositions décoratives de la galerie en vue de tapisseries. On ne se contentait donc plus de faire venir de grandes tentures de Bruxelles. Une expérience fut faite sur place. L'entreprise fut interrompue, puisqu'on ne connaît que six tissages d'après la paroi méridionale, et sans doute à la mort de François Ier. On ne peut, dans l'état actuel des informations, rien attribuer d'autre à l'atelier de Claude Badouin et de Jean Le Bries. Aussi est-il difficile de parler, comme l'a fait le vieux Sauval, d'une manufacture royale qui aurait été le prélude aux réalisations classiques. Mais les modèles donnés par Jean Cousin pour les nouveaux cycles, l'adaptation des « grotesques » remplaçant le décor floral, l'ampleur nouvelle des bordures... montrent qu'on a pris en considération les partis bellifontains. Il n'est pas du tout impossible que la tenture de l'*Histoire de Diane* destinée à Anet ait été tissée à Fontainebleau, au temps de la « surintendance » de Philibert De l'Orme. En 1565, des ateliers travaillent au château : faut-il dire de nouveau ou encore? Le problème doit rester ouvert.

L'entreprise des fontes est mieux connue. En 1540 à la mort du Rosso, Primatice est d'urgence rappelé de Rome. Il y avait pris des moulages de plâtre d'après les plus célèbres antiques du Belvédère au Vatican. Il lui faudra retourner en Italie en 1545-6 et en 1552 pour compléter la série. En 1541 Vignole a été spécialement appelé de Bologne pour aider aux fontes. Celles-ci, améliorées sur les originaux, serviront de référence aux artistes intéressés par les proportions-type, aux auteurs de bibelots et de modèles réduits, aux peintres, soucieux de couleur antique.

A la fin de 1543, la première campagne de fonte était finie. Cellini a raconté, ou inventé, avec sa verve un peu folle l'extraordinaire féerie nocturne dont la présentation des bronzes sur socle dans la galerie Royale éclairée de flambeaux fut l'occasion (*Mémoires*, VI, 4). Les pièces furent réparties finalement dans le jardin de la Reine et dans les niches de la cour de la Fontaine. De nombreux textes attestent le succès de ces présentations. C'était bien, selon la formule, facile mais inévitable de Vasari, la « nouvelle Rome ». On entendait par là souligner le caractère extraordinaire de cette réalisation, en raison du choix des œuvres, de la qualité des fontes, de leur mise en valeur. Comme dans les Saints Sépulcres du Moyen Age, il y a du symbole dans ce musée en plein air des jardins royaux.

Toutes sortes d'installations artisanales apparaissaient et disparaissaient donc dans les annexes du château, et il en fut, semble-t-il, ainsi pendant près d'un siècle. En 1565, quand il travaille au tombeau d'Henri II, Primatice demande la permission de s'installer dans la partie basse du pavillon qu'il utilisait autrefois et où il y a maintenant des tapisseries. D'après P. Galland il y aurait eu aussi une imprimerie dans l'idée de prolonger en les publiant les acquisitions de la bibliothèque à laquelle veillait Guillaume Budé : « *pour vous faire coignoistre que sa bonté ne voulait amasser tant de livres et les réduire tous en un livre pour gloire et ostentation frivole, ains au proffit de tout le monde, il feit lever en ceste ville une imprimerie, et là délibéroit les envoyer l'un après l'autre, ainsi qu'ils seroient tirez de sa librairie, à ce que les corrupteurs ou larrons de bonnes choses ne peussent abuzer les hommes studieux* ». La double efficacité du nouveau *medium* : diffusion et *copyright* est clairement exposée; on est moins sûr de l'ampleur des résultats, mais enfin, on voit se constituer, au moins dans ses prémices, l'arsenal complet de la culture moderne : ateliers spécialisés pour les répliques en bronze, pour les transpositions en tapisseries, pour la divulgation des chefs-d'œuvre par l'estampe et par l'imprimé.

L'Art religieux

Le travail a dû très tôt se partager entre Fontainebleau et Paris. On ne peut guère en douter pour les imprimeurs. C'est à Paris que sont établis les burinistes les plus abondants, comme Pierre Milan qui grave la *Nymphe* emblématique. Le second Pierre Blasse qui reçut de Jean Cousin les cartons pour la vaste *Vie de saint Mammès* était parisien et il est même question d'un atelier à l'hôpital de la Trinité, rue Saint-Denis, dès 1551. Le bouillant Cellini avait son four au Petit-Nesle et c'est au jubé de Saint-Germain-l'Auxerrois et au nouveau Louvre que vers 1545 on trouve Jean Goujon.

Il en est de même pour la peinture. La plupart des ensembles décorés sous Henri II et Charles IX ont disparu. Ce qu'on en devine à travers les dessins préparatoires et les copies — voire les gravures — du XVIIe siècle, accuse les liens avec Fontainebleau. Vers 1555 le Primatice travaille à la chapelle de l'hôtel des Guise, au Marais : une merveilleuse étude à la sanguine que l'on croyait destinée à la galerie d'Ulysse, concerne non les Muses mais les Anges à l'étoile de cette chapelle, qui fut un chef-d'œuvre du maniérisme. La situation du Primatice s'était consolidée avec la venue de Nicolo dell'Abate vers 1552 : s'ils peuvent mener à bien la Galerie d'Ulysse et la salle de Bal, ils travaillent à Paris et précisément à des galeries peintes, qui s'inspirent aux modèles bellifontains : ainsi à l'hôtel Montmorency de la rue Sainte-Avoye, dont on n'ignore pas complètement le parti : médaillons et figures couchées, et à l'hôtel du Faur (disparu). Les dérivations ne sont pas moins évidentes dans plusieurs chapelles de l'Ile-de-France, à Chaalis, par exemple.

C'est dans ces extensions que le style bellifontain a pris toute son autorité. Il cesse d'être une expérience singulière. Il intéresse la demeure et l'église. Les sculpteurs de pierre, si nombreux et traditionnellement si avertis, ne trouvaient pas d'emploi à Fontainebleau, où le grès ne permet à peu près rien. A Paris, la jeune génération, celle de Goujon, en adaptant à un nouveau domaine les formes fluides et légères de la nouvelle manière, la rendent plus convaincante et lui ouvrent les grands genres du décor monumental et des tombeaux. Ce délicat passage est pour nous le moment décisif. Le répertoire graphique est repensé par les sculpteurs dont le ciseau trouve pour l'interpréter des subtilités inouïes. Avec la *Diane* d'Anet qui ne devrait pas rester indéfiniment anonyme et la *Fontaine des Innocents*, l'évolution est devenue irréversible : le nu dominateur de la fausse déesse et les transparences du drapé mouillé « à la nymphe » sont le sommet des libertés de l'art profane recherchées par les Bellifontains. Le Tombeau de Henri II et de Catherine à Saint-Denis, les *Vertus* de la châsse de sainte Geneviève et tout ce qui résulte de l'accord de Germain Pilon avec le Primatice, constitue le même accomplissement dans l'art religieux.

En s'étendant à Paris et en étant interprété par les sculpteurs géniaux de la jeune génération, le style précieux de Fontainebleau a accru définitivement sa capacité monumentale et il a gagné l'art religieux. C'est une erreur assez commune que d'opposer le « paganisme » du nouveau style aux exigences de l'imagerie chrétienne. Émile Mâle lui-même n'a pas été toujours clairvoyant à cet égard. Ni le

Rosso, le Primatice et leurs graveurs, ni Goujon, Pilon et leur suite, n'ont éprouvé la moindre difficulté à traduire l'expérience humaine simultanément sur les deux registres de la fable antique et de l'imagerie chrétienne. Il leur était tout naturel de projeter dans les scènes de dévotion les formes élégantes, les drapés légers et même les inflexions voluptueuses, expérimentés et mis au point si l'on peut dire dans les scènes mythologiques comme les éléments spécifiques de leur style. La convenance pour ces artistes était précisément d'ajouter au charme et à la séduction de l'image, pour répondre à la dignité du thème. Parfois, certes, l'esthétisation des formes semble échapper étrangement à leur contrôle. Dans des ouvrages comme la *Déposition* de Goujon ou, plus tard, le *Christ ressuscité* (Beauvais) paré à la dernière mode, d'un peintre voisin de Caron, le tour apprêté déconcerte. L'artifice abolit l'émotion. Mais il faut prendre garde au point de départ de ces singularités. Elles sont dans le prolongement d'un bref épisode du maniérisme romain (1525-1527), qui a trouvé en France sa meilleure dérivation. Rosso, le Parmesan, avaient produit des ouvrages sacrés, le *Christ mort* (Boston), la *Madone à la Rose* (Londre), délicieux au point de devenir à nos yeux équivoques par excès de suavité. Les suggestions apportées par Rosso, l'accueil fait aux gravures d'après le Parmesan ne pouvaient qu'entretenir au sein du « bellifontisme » la recherche du rare et de l'exquis, même et surtout dans les Saintes Familles, dans les Madones, dans les figures du Christ. La caresse sensuelle des formes, l'acuité tendre et souple des silhouettes, l'adhérence des drapés accentuent la complexité du style, qui ne se soutient que chez les grands artistes, à un haut degré d'intensité.

Dans les ouvrages religieux on observe une certaine concentration des thèmes. Les *Adorations des mages* et les *Mises au Tombeau*, particulièrement nombreuses, se prêtent à des groupements de figures contrastées et bizarres. Surtout, il y a un développement nouveau des thèmes bibliques. L'intérêt pour les trois langues de l'Écriture et le travail d'exégèse ont orienté de bonne heure les esprits vers les scènes du « Livre des Rois » et des « Livres Prophétiques ». Le renouvellement du programme d'illustration des Livres d'Heures vers 1550 se fait en ce sens. En vue d'une suite gravée Caron évoque à travers l'histoire de Bagathan et Tharès les vicissitudes d'une conspiration. On n'a jamais vu tant de Melchisedech. Il y a une érudition scripturaire d'épisodes compliqués et obscurs, parallèle à l'érudition mythologique. C'est que les figures à longue barbe et aux robes serrées de l'Ancien Testament restituent les situations-type du présent et, comme les aventures d'Ulysse ou de Jason, les « histoires » bibliques trouvent une actualité.

L'érotisme et les eaux

La Galerie François Ier était assise sur ce qui fut appelé *l'appartement des bains*. Il s'agissait d'une innovation notable par rapport à l'usage français, mais évidemment d'origine méridionale. Dans son traité sur la religion et divers usages romains, G. du Choul (1555-6) relie expressément les bains antiques à l'exemple bellifontain. Les *stufette*, salles de bains ornées de stucs, de cartouches et de grotesques, étaient depuis vingt ans le luxe le plus recherché. Il y en avait partout à Rome; on vient d'en retrouver une au Palais du Te, oubliée depuis près de quatre siècles. A Fontainebleau le programme devint sensationnel.

L'aménagement final de ces « étuves » avec leur suite de pièces devait évidemment beaucoup à Rosso, familier des exemples romains, et fut dirigé par le Primatice qui venait de Mantoue. Il eut plusieurs conséquences remarquables. La plupart des tableaux de la collection royale furent déposés dans cet « appartement » qui devenait ainsi l'équivalent des « garde-robes » princières. On s'en étonne à tort. Les tableaux et les pièces de collection étaient toujours déposés dans la partie intime de la demeure. Dans *l'appartement des bains* il y avait des vestiaires, des chambres de repos; c'est là qu'on voyait les Léonard, la copie de la *Léda* de Michel-Ange, les portraits dus à Raphaël, à Sebastiano del Piombo... et sans doute aussi les tableaux venus de Flandre auxquels le Roi s'était intéressé vers 1529. Les inconvénients de ce rez-de-chaussée apparurent par la suite; sous Henri IV les tableaux furent sortis des cadres pour être transportés dans un pavillon de l'aile voisine.

Mais ce fameux ensemble est très directement lié à l'histoire de la peinture. En France, on ne voyait guère de nudités profanes : le nu était aussi peu habituel dans les panneaux ou la peinture murale que les représentations de la Fable. En les conjuguant, Fontainebleau donne un tour nouveau et, en un sens, audacieux à l'art profane; on aurait sans doute la réponse à de multiples petits problèmes, si l'on pouvait mieux reconstituer *l'appartement des bains*, son décor et son succès. Les sources et les eaux faisaient l'agrément de Fontainebleau, elles étaient présentes dans son nom. En montrant les nymphes au bain autour des deux divinités nues, celle de l'amour et celle de la chasse, Vénus et Diane, c'est encore le château qu'on célébrait. On les retrouve dans les gravures. Une eau-forte célèbre de Fantuzzi (d'après le Primatice) montre avec une charmante indécence l'entrée de Mars dans la baignoire de Vénus, scène destinée sans doute à une lunette de la voûte. En regroupant deux dessins de Primatice, on en reconstitue une autre : la disgrâce de Calisto, que complète pour une autre lunette la scène de Jupiter avec la nymphe, sur une gravure de Milan. Il y eut donc un cycle complet et varié, qui associait sur les thèmes attendus de la mythologie la nudité féminine, les divinités des eaux et les vicissitudes de l'amour. Ce fut là une sorte de spécialité bellifontaine. Son succès fut général et fortement soutenu par l'estampe. Il est donc raisonnable d'en rapprocher la multiplication des tableaux sur le *bain de Diane*, comme celui de François Clouet. On ne s'étonnera pas d'en trouver de multiples versions. Le thème d'Actéon ou la punition de l'indiscret avait des résonances trop immédiates dans une société où le rituel des approches et des refus amoureux était détaillé chaque jour par les poètes, pour que l'on ne projetât pas des visages familiers sur les personnages de la Fable. Toute dame devient Vénus ou Diane, son amant Actéon, s'il n'est Mars ou Jupiter. Une cour est une mythologie en acte.

Le thème de la *femme au bain* n'est qu'une variante du portrait allégorique. Son origine italienne n'est pas douteuse. Le modèle proprement bellifontain nous échappe. Mais cette formule, accueillie avec tant de faveur, doit être considérée comme une adaptation à la mondanité du Bain de Vénus et du Bain de Diane, ou encore de ces *Toilettes de Psyché* qui les relaient vers la fin du siècle dans les suites de Nicolo à l'hôtel du Faur, de Dubreuil à Saint-Germain. François Clouet a pu, là encore, être le vulgarisateur. Ces tableaux forment une série. Il est donc difficile de leur donner des motivations trop différentes. La mise en scène artificielle, la pose du buste, les accessoires donnent, il est vrai, à ces œuvres quelque chose de singulier et même de bizarre. C'est que la dame à sa toilette, tenant le miroir, préparant ses bijoux, une fleur auprès d'elle, était le modèle traditionnel de l'*Impudicitia* et de la *Vanitas*. La vogue des nudités mythologiques de Fontainebleau a entraîné la reconversion du thème : il célèbre la femme au milieu des soins de beauté, un peu comme l'éloge du maquillage, au sens de Beaudelaire. L'ambiguïté de l'effet tient au souvenir et au refoulement de la tradition moralisante. Le propre de ces scènes de genre est précisément d'y soustraire la dame, en célébrant ses privilèges.

Ces tableaux ont été à la mode : le nombre élevé des copies et variantes le démontre. Comme elles s'étalent sur trente ou quarante ans et qu'il manque dans beaucoup de cas la pièce-clef, les filiations sont obscures et les datations approximatives. Le caractère factice de la composition prête de même l'attrait du mystère à un tableau comme le curieux *Sabina Poppea;* ce n'est sans doute un *unicum* que par hasard. Il a dû faire partie d'une suite, peut-être les impératrices et les reines, plus vraisemblablement les dames illustres, avec peut-être un arrière-plan de galanterie.

On comprend mal cet art, si l'on oublie que le prétexte mythologique n'agit pas comme un masque, mais comme un révélateur. Les peintures licencieuses ont disparu comme l'appartement des bains. Les dessins et gravures montrent avec quelle gaieté sans vulgarité on pouvait aborder le registre faunesque. On tirait ainsi tout le parti possible du précédent païen. Grâce à la Fable l'animalité des satyres et des nymphes acquiert une sorte de légitimité esthétique : c'est une forme du *capriccio*, du comique léger, dont on n'entend pas plus se priver que Ronsard dans le « Livret des Folastries ». On peut toutefois penser que cette liberté de ton devait être ressentie comme un privilège aristocratique. Elle trouve un emploi inattendu dans la verve souvent leste et bouffonne des encadrements et des supports animés.

Un des tableaux licencieux les plus recherchés de l'époque fut la *Léda* de Michel-Ange, peinte pour Alphonse d'Este, qui était amateur d'*erotica*, mais finalement donnée à un élève, Antonio Mini. Celui-ci, vers 1530-32, s'efforça de le monnayer en France. Rosso en avait fait une copie qui, après avoir eu un grand succès, disparut au XVIIe siècle. Il aurait été question de la brûler « par principe de conscience ». On se demande aussi pourquoi un autre tableau, quelque peu provocant, *Vénus, Cupidon et le Temps* de Bronzino, qui avait été — nous dit Vasari — « envoyé au roi François », s'est retrouvé au XVIIIe siècle en Angleterre. Les chairs de porcelaine, le dessin serré des accessoires, annoncent, comme souvent ce genre d'ouvrages, la perfection formelle d'Ingres. Il n'est pas passé inaperçu en France : le « groupe exquisement lascif du premier plan » a produit le thème des *caresses de Cupidon*, qui appartient au répertoire de Fontainebleau. Mais l'ouvrage de Bronzino avait un support moralisant; il dénonçait l'aberration des passions et « l'attirance sensuelle devait à cette date être retenue plutôt que d'autres formes du mal pour symboliser le vice » (E. Panofsky). Le cadre iconologique est d'autant plus nécessaire que l'image est plus chargée de volupté.

Dans les générations précédentes, les peintres qui devaient appeler à la pénitence dans les danses macabres ou les visions du désordre humain, donnaient aux scènes une diversité si bouffonne, aux types des traits si enlevés qu'à la condamnation du vice et à l'évidence du malheur terrestre se mêle on ne sait quel sentiment de pittoresque, de curiosité, de sympathie, qui annule la conclusion morale. L'art qui s'impose à Fontainebleau flatte l'apparence des passions qu'on enseigne à subjuguer. Mais il faut restituer l'appareil de symboles qui à travers la mythologie commande l'iconographie nouvelle. C'était la médiation indispensable à la levée de toutes les censures, qui créait avec une sorte d'allégresse un rapport nouveau entre la sensualité et sa sublimation. A l'entrée de la Galerie François Ier, Vénus apparaît en gardienne du lieu : debout dans sa piscine, auprès de la fontaine, elle intervient comme initiatrice de la culture et des plaisirs élevés.

Un art de cour tend toujours à développer un monde dont la nature serait absente. C'est ce qu'on eut à Fontainebleau : un décor animé mais chiffré, immédiat par l'élégance mais soumis à l'économie restreinte des symboles. On voit toutes les passions à travers les fables poétiques. Tout se ramène au jeu des relations entre les figures; l'espace n'est qu'un ordre d'intervalles autour des personnages qui obéissent tous à des types. Il n'est que de considérer les plus heureuses inventions du Primatice, comme le groupe serré d'*Ulysse et Pénélope*, repris en *Vénus et l'Amour* par Nicolo, simple extrait du compartiment de la Galerie d'Ulysse où le motif du couple se trouvait encastré. La Salle de Bal est couverte en grappes et en guirlandes d'un conglomérat de figures. Grâce aux dessins destinés à la Galerie d'Ulysse, on peut deviner ce qui fit la grande séduction de ce décor : d'étonnantes variations sur les formes plafonnantes, des surplombs, tous les jeux maniéristes en fonction des axes de l'espace. Les étagements, les reculs, les coulisses, servent merveilleusement les figures.

Le goût maniériste se portant aux extrêmes, il y eut à l'opposé une vogue des tableaux à petits personnages, qu'il faut sans doute relier à la venue de Nicolo dell'Abate, et peut-être aussi au passage de Paris Bordon en 1559. Elle se manifeste dans les mises en scène de Caron : les silhouettes sont distribuées assez sèchement sur des plans que rythment des architectures d'emprunt. Ce lieu artificiel se garnissait sans peine et jusqu'à l'encombrement de références à l'archéologie et à l'histoire, qui donnent aux compositions une saveur bizarre de pantomimes. Cette formule fait valoir par contraste la souplesse de la manière de Nicolo. C'est aussi un art de figurines, mais jetées dans un espace tout en ondulations, en décolorations, en lointains, et il en résultait un type de paysage que l'on ne peut nommer que « romanesque ». Son succès était assuré : il ajoutait aux modèles flamands acclimatés par L. Thiry, par exemple, dans les gravures la gamme brillante, le mouvement nerveux, le sentimentalisme des Italiens. C'était un gain appréciable. Et, comme à tout art de cour il faut tôt ou tard une pastorale, dans la suite immédiate de Nicolo se situent de gracieux tableaux de la vie rustique : batteurs de blé, vannage, vestiges de quelque suite des mois ou des saisons illustrées par les travaux des champs. Épisode sans lendemain.

La figure et l'ornement

Les fameux *crayons* dont la clarté, la franchise et l'agrément nous étonnent, n'ont rien à voir avec l'art de Fontainebleau. La longue carrière de Jean Clouet l'amène à y séjourner quelquefois mais il n'y apprend ni n'enseigne rien. Il resterait à mieux savoir ce qu'ont été, entre autres, les portraits peints par Luca Penni et signalés dans son inventaire de 1566; une gravure un peu froide semble en fournir un exemple; mais enfin la force de l'art bellifontain n'est pas dans le portrait. Il est aussi peu chargé que possible de préoccupations psychologiques. Il n'interroge pas des visages réels, il invente des situations et des types qui n'existent pas. Il donne tous ses soins à la silhouette longue, à ses extrémités minces, aux parures ; il propose des modèles au milieu de références mythologiques. La chambre de la duchesse d'Étampes n'est pas la chronique d'un amour avec le visage de la favorite et celui du prince ; elle en déploie l'affabulation orgueilleuse, voluptueuse et souriante, S'il doit y avoir un portrait bellifontain, il sera donc allégorique, transposé, surprenant. Ainsi les *Dames à la toilette* qui rappellent Vénus, les héros qui rappellent Jupiter ou Mars, le plat émaillé du *Festin des Dieux*, ou encore le petit monstre symbolique composé par Nicolas Belin. Quand on utilise les crayons, c'est au prix d'une transposition, dont les émaux de Limosin avec leur cadre insistant et chargé, révèlent le souci : la figure, si elle ne se soutient pas par le symbole, réclame le secours de l'ornement.

Il y a un accord évident, fondamental, entre la passion de la Fable, l'absence d'intérêt psychologique, et ce qu'on peut appeler la promotion de l'ornement. Peut-être faudrait-il parler d'*ornementique* pour désigner le système complet des éléments et des structures para-iconiques ou non-iconiques dans l'art. Jamais on n'avait vu une rénovation aussi radicale, aussi ingénieuse et aussi bien localisée. Elle s'exprime d'abord dans les encadrements et plus précisément dans ceux de la Galerie François Ier, où le parti mixte des stucs et des zones peintes a permis une débauche merveilleuse de combinaisons. Le décor d'accompagnement est soudain doté d'une vitalité et d'une prolixité qui le portent au même niveau d'importance et donc d'intérêt que la composition maîtresse et le parti des panneaux répartis en triptyque a été aménagé en conséquence. Toutes les grandes formules prati-quées jusque-là sont à l'arrière-plan de cette invention riche et un peu bouffonne ; les chutes de fruits et les guirlandes, les *putti* et les figures gainées et, ce qui apparaît ici pour la première fois avec décision, le motif abstrait découpé en formes géo-métrisées mais dotées d'une sorte de ressort qui les incurve, le fameux « cuir ». Cette accumulation demandait un travail d'organisation surprenant et compliqué, d'une haute saveur « maniériste ». Elle fut dynamisée par l'intervention des petites figures libres et actives constamment mêlées au décor : celui-ci semble se constituer sous les yeux, on voit les membres qui travaillent, les génies rieurs et moqueurs qui le fabriquent en s'y installant. Ainsi conçu, l'ornement absorbe et transcende la figure : il recueille en quelque sorte les propriétés expressives de celle-ci. Cette solution extraordinaire a naturellement été préparée par la vogue italienne des « grotesques ». Mais on ne doit pas les confondre : c'est contre le parti léger et linéaire de ceux-ci que se définit le premier décor bellifontain. Sa corpulence ouvre une ère nouvelle de l'ornementique, à laquelle tous les métiers vont réagir en généralisant le découpage des cartouches. Mais le Primatice abandonnera la complication du décor mixte ; ce sont des « grotesques » qui couvrent les travées de la galerie d'Ulysse. Il y a eu à Fontainebleau deux remises en jeu complètes de l'ornement.

Les recueils gravés ont joué leur rôle en combinant souvent les deux systèmes. Les « arabesques » d'Androuet du Cerceau, les suites de médaillons ou de cartouches par Delaune, les exercices de Pellegrin, de Jean Cousin, répondent au besoin de modèles; mais, conformément à une orientation qui va s'épanouir en Flandre avec Floris et dans le monde rhénan, les variations thématiques sur l'ornement deviennent un travail artistique autonome. L'estampe s'empare de l'abstraction décorative et lui assure un développement prodigieux, dont le milieu bellifontain est, à coup sûr, l'un des initiateurs. Les encadrements sont dissociés des scènes et enveloppent des paysages, chez Fantuzzi, le maître I.♀.V. ou dans les tableaux de *l'histoire de Jason*. La distinction des parties stuquées et peintes s'effaçant sur la feuille, l'intermédiaire gravé favorise l'aplatissement du décor; on imaginera donc de feints reliefs, à Écouen, par exemple. Le système à la fois élastique et touffu inventé par Rosso devient aux mains des ornemanistes une sorte d'instrument universel; les huchiers, les émailleurs, les armuriers en tirent parti à qui mieux mieux. Les cuirs installent dans le vitrail leur bombement avantageux. Du modèle orfévré, les découpages gagnent la volumineuse capsule du monument du cœur du roi François par Bontemps. L'artisanat populaire fait écho aux ouvrages ambitieux. Il s'établit ainsi par la solidarité des métiers un réseau de curiosités formelles à travers tout le pays. Naturellement, on ne peut reconstituer le cheminement des échanges. Mais le rapprochement des pièces suffit à démontrer à travers l'anonymat des œuvres l'adhésion à ce qui fut la modernité et sa formulation bellifontaine. Rarement, on en conviendra, ce registre de l'art a été doté d'autant de vitalité.

Sous Henri IV

Le maniérisme du second souffle, ou maniérisme tardif, est un phénomène diffus de la. fin du XVIᵉ siècle. Les foyers les plus actifs se trouvent dans les provinces jusque-là un peu marginales, comme la Lorraine de Bellange et de Callot, la Bohême de la cour de Rodolphe II. Mais Fontainebleau a servi et va de plus en plus servir de relais pour la culture artistique des Pays-Bas; ce fut « l'Italie des Flandres » selon le mot de H. Hymans et les visites attentives de Rubens, de Van Thulden ne tardèrent pas à confirmer ce rôle du centre bellifontain. Mais celui-ci ne restait pas passif : il procédait à une nouvelle élaboration de ses ressources. Les personnalités que l'on groupe dans la « seconde école de Fontainebleau » doivent être appréciées à la fois dans la perspective européenne et dans celle de l'art français. Elles s'établissent également bien dans l'une et dans l'autre.

Fréminet, le plus doué pour la « grande manière », a interrogé Michel-Ange à Rome, comme le Rosso soixante ans plus tôt, mais il n'ignore pas le brio de la *Salle de Bal*. Dubois, Flamand d'origine, a connu les maniéristes de Harlem; Dubreuil est l'élève de Ruggiero Ruggieri dont on sait qu'il fut très près de Primatice. Tous deux s'emploient à une relance méthodique des programmes et des genres bellifontains : les galeries décoratives, le portrait allégorique, les tentures mythologiques. Peut-être n'ont-ils que le sentiment de continuer et de conclure. Quelques ouvrages de sculpture, la belle cheminée, la fontaine de Diane... donnent aux élèves de Pilon, Mathieu Jacquet, Barthelémy Prieur, l'occasion de travailler au château. Il est clair qu'ils se réfèrent au décor de la Chambre du Roi, aux antiques. La présence d'artisans comme les céramistes d'Avon doit peut-être être également interprétée comme une reprise générale des chantiers d'art décoratif. Mais les styles ne se répètent pas. Les portraits allégoriques prennent une sorte de gaieté malicieuse, souvent aussi de la lourdeur : Marie de Médicis en Minerve. Aux thèmes mythologiques s'associent les suites romanesques, traitées dans des costumes un peu déconcertants mais non sans charme, de *Chariclée* et de *Clorinde*. Ce qui frappe, c'est à quel point la peinture continue à proposer un monde romanesque et des figures de parade, dans une parfaite ignorance des troubles, des misères ou des espérances de l'époque, sinon dans la présentation solennelle des princes. Mais tel est le propre de Fontainebleau : disposant les élégances et les cadres d'une vie de cour qui avait par force été suspendue, il offre une sorte de cadre vide, que l'on va de nouveau combler. Ce processus illustre assez bien comment les grands styles deviennent des facteurs historiques d'un certain poids.

Pourtant beaucoup de choses se trouvaient remises en question. Sous Henri IV il y eut l'achèvement de la chapelle de la Trinité mais aussi le déménagement de l'appartement des bains. On remanie la disposition des statues dans les jardins. On élève les ailes de l'est dans un esprit nouveau. Et l'on ne manque pas de s'interroger sur la valeur des modèles. Une polémique est même amorcée par un Bourbonnien, Antoine de Laval, qui récusait les programmes du type bellifontain pour la Petite Galerie du Louvre en cours d'achèvement. Une dissertation « *Des peintures convenables aux basiliques et palais du Roy* » (1600) fut soumise à Mgr de Béthune, c'est-à-dire à Sully. Son but est de détacher le Roi du modèle de François Ier, essentiellement par convenance : « *les maisons et palais des Rois... sont des édifices si augustes, si vénérables, si sacrés, que c'est espèce de pollution et de sacrilège d'y voir quelque chose de profane, de vain, de mensonger et d'impudique* ». Et le sieur de Laval ajoute sans hésiter : « *cela me fait plusieurs fois désirer que ce beau et somptueux labeur fait du temps du grand Roi François en la Galerie de Fontainebleau eût été employé en quelque sujet véritable plus séant à la majesté de nos Rois qu'à représenter l'Odyssée d'Homère* ». Et encore : « *Je veux me persuader que la grande opinion que l'on avait de ces peintres italiens... fut cause qu'on les mit sur leur foi et qu'on leur bailla la carte blanche pour inventer et peindre ensemble, car si le sujet fût venu de ce grand Roi lui-même ou de quelqu'un des siens un peu entendu, il ne fut pas sorti de l'histoire de France pour y trouver de belles et riches inventions».* Cette critique des thèmes mythologiques semble répondre à une réaction assez générale pour que la plupart des galeries de châteaux ou d'hôtels, qui se multiplient au XVIIe siècle, abandonnent les suites tirées de la Fable pour des partis plus terre-à-terre dont le décor topographique de la Galerie des Cerfs précise l'orientation. La remise en question des Fables dans un décor royal est discutée en introduisant le point de vue national qui entraîne une critique de l'italianisme bellifontain. En somme, un grand exemple, mais à réaliser sur d'autres bases. Ce qui revient à transformer les thèmes et le style. Le temps des Bourbons n'est plus celui des Valois. La préoccupation de l'État peut se retourner contre les libertés de la culture.

Le Château servait toujours à la cour ; il n'a jamais été plus fréquenté qu'au XVIIe siècle. Mais il était entré dans l'histoire. Ce qui est tout à fait nouveau mais facilement explicable par les demandes des visiteurs de marque, on lui consacre un gros livre, qui est une sorte de publication officielle. Le *Trésor des merveilles* rédigé par le Père Dan, un des Trinitaires dont l'ordre est attaché au château, situe la description dans un cadre politique et dynastique. Toutes les réalisations lui paraissent admirables mais il n'en aperçoit pas la portée. Aujourd'hui, à la faveur d'un grand rassemblement des ouvrages de toute espèce qui de près ou de loin relèvent de Fontainebleau, elle saute aux yeux. Pendant plus d'un demi-siècle des expériences un peu désordonnées mais ingénieuses et ferventes ont accumulé dans ce centre un potentiel de culture, un fonds artistique d'une telle abondance et d'une telle variété qu'il est devenu comme une réserve d'énergie, où un et même deux siècles ont trouvé un stimulant irremplaçable. On ne rend pas facilement compte d'un phénomène de cet ordre. Mais le fait qu'on ne puisse si souvent que regrouper des fragments a la conséquence heureuse qu'il faut insister sur les analogies formelles et passer par les évidences du style. Cette démarche n'est pas une infidélité. Elle retrouve les partis pris et les mouvements d'artistes conquis par l'esthétisme de la Renaissance. On peut résister à l'élégance et à la grâce des réussites bellifontaines. Mais il faut se préparer à reconnaître que cet art doit son prix au plaisir de l'artifice, à l'exigence aristocratique, et, pour tout dire, à la manière dont il a tiré parti d'une certaine frivolité.

ANDRÉ CHASTEL
Professeur au Collège de France

PLANCHES   PLATES

NOTICE EXPLICATIVE DU VOLUME I

Un certain nombre de raisons nous ont amenés a publier la série des illustrations dans un volume séparé de celui des textes sur l'art de Fontainebleau. Il semble sur le plan pratique, qu'en réduisant le poids d'une publication qui doit contenir les deux textes français et anglais en plus des illustrations, on en rend plus facile la manipulation. La division du contenu du catalogue a été conçue dans l'intention de rendre le volume I intelligible, attrayant et aussi stimulant que possible pour le public en général, et, nous l'espérons, utile au spécialiste. D'autre part le volume II est plus directement destiné aux personnes qui portent un intérêt particulier à l'art de *Fontainebleau*.

L'excellente introduction de M. André Chastel, du Collège de France, *Fontainebleau: formes et symboles*, accompagne dans ce volume les remerciements du gouvernement canadien au gouvernement français, suivis de l'expression des sentiments de gratitude de la directrice de la Galerie nationale du Canada aux autorités de la Réunion Musées nationaux de France et de l'Association Française d'Action Artistique. Ont été inclus également les noms des membres des comités d'honneur et d'organisation et ceux, absolument essentiels, des généreux prêteurs aux expositions de Paris et d'Ottawa.

Le volume I est avant tout un répertoire de planches qui sont présentées dans un ordre différent de celui du catalogue original français. À l'intention du public canadien, moins familier avec l'art de Fontainebleau que ne peut l'être le public français, nous avons groupé les illustrations par ordre chronologique et par un certain rapport de sujets. Il est possible de cette façon de parcourir les images du début de l'École de Fontainebleau avec le Rosso jusqu'à Martin Fréminet dont le buste, destiné à son tombeau clôt la période couverte par l'exposition. L'étudiant ne saurait trouver dans ces légendes l'équivalent de l'historique, des mises en question d'attribution et la liste des numéros d'inventaires qui sont donnés en détail dans le volume II. Mais nous avons cru bon de condenser l'information contenue dans les notices en légendes explicatives des illustrations. Cette utilisation du matériel pour la suite des illustrations et le résumé de l'information historique est la responsabilité de la Galerie nationale et non, bien entendu, celle de l'équipe qui a travaillé avec M. Laclotte et Mme Béguin du Louvre.

Certaines illustrations du volume I manquaient au catalogue français[1]; les oeuvres ajoutées à l'exposition d'Ottawa ont été reproduites[2], avec l'accord de Mme Béguin.   *J.S.B.*

EXPLANATION OF VOLUME I

Several circumstances have resulted in the separation of the plates into this volume of the catalogue on the art of *Fontainebleau*. It seemed one practical way of dividing the weight of a publication that, with either French or English texts in addition to illustrations, would have been a burden to carry about in the exhibition. In separating the material, our intention has been to make the contents of Volume I as intelligible, attractive, and provocative as possible for the general public, in the hope that it would also be indispensable for the scholar. On the other hand, Volume II (in English and French) is directed toward those who have a specialized interest in *Fontainebleau*.

The stimulating essay by André Chastel of the Collège de France, *Fontainebleau: Forms and Symbols*, has been included in Volume I. Volume I also contains the acknowledgments to France from the Canadian government and to the courtesy of the Museums of France and the Association Française d'Action Artistique from the Director of the National Gallery. There are lists of names forming the Honorary and Organization Committees, as well as of those crucial people who have been generous to both France and Canada – the lenders.

Volume I is, nevertheless, a volume of plates which are arranged differently than those in the Louvre catalogue. Because the Canadian public is less familiar with Fontainebleau, it was decided to put the plates in an approximately chronological arrangement, with certain thematic unifying threads. As a result, it is possible to move in the plates from the beginning of the "School" with Rosso to the bust from the tomb of Martin Fréminet at the end. The student will not find the captions a substitute for the histories, discussions of attributions, and listings of inventory numbers that can be found in Volume II, but the staff of the National Gallery has culled the catalogue entries in Volume II for the brief comments it felt necessary to explain the illustrations – if very succinctly. It should be emphasized that the responsibility for the order of the captions and for the information in them is the National Gallery's and not that of the staff under M. Laclotte and Mme Béguin at the Louvre.

In Volume I there are certain illustrations it was not possible to reproduce in the Paris catalogue[1], as well as photographs of those that were added, with Mme Béguin's consent, to the exhibition in Ottawa[2].   *J.S.B.*

---

1   Figures 12, 13, 15, 17, 18, 46, 47, 48 a & b, 51, 52, 54, 59, 73, 74, 79, 82, 89, 97, 104, 105, 107, 108, 109, 111, 112, 113, 114, 116, 119, 124 & 125, 144, 145, 150, 156, 157, 161, 162, 166 a & b, 167 a & b, 168, 169, 170, 181 a & b, 182, 183, 185, 192, 194, 195, 197, 198, 200, 201, 202, 208, 209, 211, 212, 213, 214, 215.
2   Figures 9, 10, 65, 66, 123, 149, 154, 164, 171, 175, 176, 206.

1   Figures 12, 13, 15, 17, 18, 46, 47, 48 a & b, 51, 52, 54, 59, 73, 74, 79, 82, 89, 97, 104, 105, 107, 108, 109, 111, 112, 113, 114, 116, 119, 124, 125, 144, 145, 150, 156, 157, 161, 162, 166 a & b, 167 a & b, 168, 169, 170, 181 a & b, 182, 183, 185, 192, 194, 195, 197, 198, 200, 201, 202, 208, 209, 211, 212, 213, 214, 215.
2   Figures 9, 10, 65, 66, 123, 149, 154, 164, 171, 175, 176, 206.

Cat. nº 318

1 *Une grande coupe*   1543
D'après le dessin d'un vase par le Rosso, le premier
grand artiste de Fontainebleau. Voir fig. 23 et 71–79
pour d'autres eaux-fortes de Fantuzzi
Eau-forte, épreuve en bistre, 10-1/4 x 7-13/16 po
BIBLIOTHÈQUE NATIONALE, PARIS

Cat. no. 318

1 *Large Cup*   1543
The design for the vase was by Rosso – the first
great artist of Fontainebleau. For other works by
the etcher, Fantuzzi, see figures 23, 71–79.
Etching, printed in bistre ink, 26.0 x 19.8 cm.
BIBLIOTHÈQUE NATIONALE, PARIS

Cat. n° 199
2 *Défi des Piérides*
   Peint en Italie, avant son départ pour la France en
   1530, par le Rosso, appelé par François Ier
   Toile, 12-3/16 x 24-13/16 po
   MUSÉE DU LOUVRE

Cat. no. 199
2 *The Challenge of the Pierides*
   Painted in Italy before Rosso was called to
   Fontainebleau by Francis I in 1530.
   Oil on canvas, 31.0 x 63.0 cm.
   THE LOUVRE

GIAN GIACOMO CARAGLIO (1504–1565)
d'après le ROSSO

GIAN GIACOMO CARAGLIO (1504–1565)
after ROSSO

Cat. n° 285
3   *Défi des Piérides*
    Les filles de Pierus (vêtues) provoquent les Muses
    (nues), sous le regard des dieux
    Burin, 9-3/4 x 15-1/2 po
    BIBLIOTHÈQUE NATIONALE, PARIS

Cat. no. 285
3   *The Challenge of the Pierides*
    The daughters of Pierus (dressed) challenging the
    Muses (nude) before the gods.
    Engraving, 24.7 x 39.3 cm.
    BIBLIOTHÈQUE NATIONALE, PARIS

39

Cat. n° 210

4 *Scène de magie*
   Exécuté après l'arrivée du Rosso en France. Le sujet
   demeure inexpliqué
   Plume, lavis brun, 16-15/16 x 11-1/2 po
   ÉCOLE DES BEAUX-ARTS, PARIS

Cat. no. 210

4 *Scene of Magic*
   Drawn after Rosso's arrival in France. The subject
   is unexplained.
   Pen and brown wash, 43.0 x 29.3 cm.
   ÉCOLE DES BEAUX-ARTS, PARIS

Cat. n° 212
5 *Annonciation*   1530
   Étude pour une peinture que Vasari appelle la
   Nunziata bizarra
   Plume, lavis bistre, rehauts blancs, 10-1/8 x 17-3/8 po
   ALBERTINA, VIENNE

Cat. no. 212
5 *Annunciation*   1530
   Study for a painting Vasari described as the
   Nunziata Bizarra.
   Pen and bistre wash, heightened with white,
   25.7 x 44.1 cm.
   THE ALBERTINA, VIENNA

Cat. n° 207

6   *Étude de femme nue*
Dessin du Rosso se rattachant à la décoration de la
Galerie François Ier à Fontainebleau
Sanguine, traces de pierre noire, 5 x 9-5/8 po
42   THE BRITISH MUSEUM

Cat. no. 207

6   *Study of Female Nude*
Related to Rosso's work for the Galerie François Ier
at Fontainebleau.
Red chalk with traces of black chalk, 12.6 x 24.4 cm.
THE BRITISH MUSEUM

Cat. n° 211
7   *Projet pour un tombeau*   1536–1538
    Le tombeau n'a pu être identifié
    Plume, lavis bistre, préparation pierre noire,
    14-11/16 x 18-15/16 po
    THE BRITISH MUSEUM

Cat. no. 211
7   *Study for a Tomb*   1536–38
    The particular tomb has not been identified.
    Pen and bistre wash, heightened with white,
    underdrawing in black chalk, 37.3 x 22.7 cm.
    THE BRITISH MUSEUM

Cat. n° 138

8   *Le banquet d'Acheloos* (?)
Le dieu fleuve est probablement l'hôte dans ce
dessin de Penni, artiste italien, qui vint en France vers
1530, travailla à Fontainebleau de 1537 à 1540 et
mourut à Paris
Plume, encre noire, rehauts blancs, fond préparé
brun, 12 x 18-3/4 po
COLLECTION HERBERT LIST, MUNICH

Cat. no. 138

8   *The Banquet of Achelous*(?)
The river god is probably the host in this drawing
by Penni, an Italian artist who arrived in France
about 1530, worked at Fontainebleau from 1537–40,
and died in Paris.
Pen and black ink, heightened with white on a
brown ground, 30.4 x 47.7 cm.
COLL. HERBERT LIST, MUNICH

JEAN MIGNON (actif 1535–1555) d'après PENNI

JEAN MIGNON (active 1535–55) after PENNI

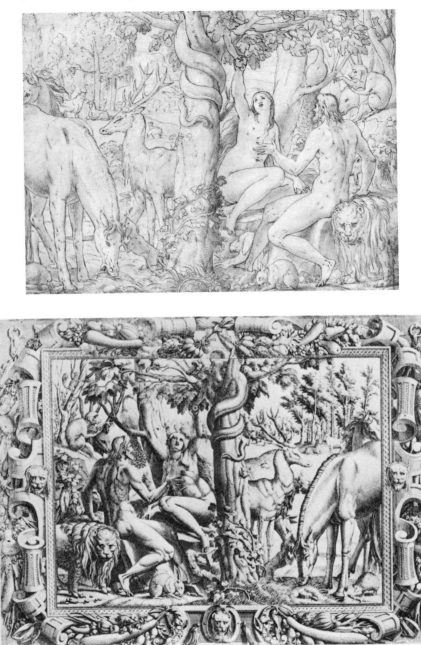

Appendice, H
9 *Adam et Ève au paradis terrestre*
Dessin pour Jean Mignon, principal graveur de
l'œuvre de Penni
Plume, lavis bistre, rehauts blancs,
12-1/16 x 16-3/4 po
MUSÉE DES BEAUX-ARTS DE MONTRÉAL

Cat. no. H (follows cat. no. 138)
9 *Adam and Eve in Paradise*
A drawing prepared for Jean Mignon who was the
principal etcher of Penni's work.
Pen and bistre wash, heightened with white,
30.5 x 44.2 cm.
THE MONTREAL MUSEUM OF FINE ARTS

Appendice, L
10 *Adam et Ève*
Eau-forte de Mignon d'après un dessin de Penni
(fig. 9)
Eau-forte, 15-3/4 x 21-7/8 po
THE METROPOLITAN MUSEUM OF ART

Cat. no. L (follows cat. no. 417)
10 *Adam and Eve*
An etching by Mignon after Penni's drawing in
figure 9.
Etching, 42.0 x 56.0 cm.
THE METROPOLITAN MUSEUM OF ART

Cat. nº 403

11   *Sainte Famille*   1543
Le modèle de cette eau-forte n'a pas été identifié
Eau-forte, 13-9/16 x 9-15/16 po
BIBLIOTHÈQUE NATIONALE, PARIS

Cat. no. 403

11   *Holy Family*   1543
The source for this etching has not been identified.
Etching, 34.4 x 25.3 cm.
BIBLIOTHÈQUE NATIONALE, PARIS

Cat. nº 405

12   *La Charité*   1544
Seule épreuve connue de la seule copie faite par un
graveur de Fontainebleau d'une œuvre d'Andrea del
Sarto de la célèbre collection de François Iᵉʳ, peinte
en France pour le roi
Eau-forte, 10-5/8 x 7-7/16 po
THE BRITISH MUSEUM

Cat. no. 405

12   *Charity*   1544
Only known impression of only known copy by a
Fontainebleau print-maker after a work by
Andrea del Sarto in the famous collection of
Francis I, which was painted for the King in France.
Etching, 27.0 x 18.9 cm.
THE BRITISH MUSEUM

Cat. nº 412

13   *L'Adoration des Mages*
Eau-forte, 12-3/16 x 16-7/8 po
ÉCOLE DES BEAUX-ARTS, PARIS

Cat. no. 412

13   *Adoration of the Magi*
Etching, 30.9 x 42.8 cm.
ÉCOLE DES BEAUX-ARTS, PARIS

47

Cat. nº 415

14   *Femmes au bain*
La bordure rappelle que Penni dessina aussi des
cartons de tapisseries
Eau-forte, 17-3/8 x 24-9/16 po
BIBLIOTHÈQUE NATIONALE, PARIS

Cat. no. 415

14   *Women Bathing*
The border is a reminder that Penni designed
tapestries.
Etching, 44.1 x 62.4 cm.
BIBLIOTHÈQUE NATIONALE, PARIS

Cat. nº 417

15 *Saint Jean prêchant au désert*   vers 1547
Le paysage du fond serait de l'invention de Mignon
Eau-forte, 16-5/8 x 23-1/4 po
BIBLIOTHÈQUE NATIONALE, PARIS

Cat. no. 417

15 *St. John Preaching in the Desert*   c. 1547
The background landscape would have been
Mignon's contribution.
Etching, 42.2 x 59.1 cm.
BIBLIOTHÈQUE NATIONALE, PARIS

Cat. n° 644

16   *Coupe*
L'intérieur de la coupe est une reproduction fidèle de la gravure de Mignon d'après le *Jugement de Pâris* de Penni
Cuivre émaillé, H. 5-7/8 po, D. 7-1/8 po
MUSÉE PINCÉ, ANGERS

Cat. no. 644

16   *Cup*
Exact reproduction of Mignon's etching after Penni of the *Judgement of Paris* in the interior of the cup.
Enamelled copper, 15 cm. high, 18 cm. in diameter
MUSÉE PINCÉ, ANGERS

Cat. n° 406

17   *Cartouche ornemental*
     Une interprétation des encadrements conçus par le
     Primatice pour les peintures de la Chambre de la
     Duchesse d'Étampes à Fontainebleau. Voir fig. 35
     pour une autre gravure de Mignon
     Eau-forte, 9-1/2 x 10-11/16 po
     BIBLIOTHÈQUE NATIONALE, PARIS

Cat. no. 406

17   *Ornamental Cartouche*   1544
     An adaptation of stucco frameworks Primaticcio
     was producing for paintings in the Chambre de la
     Duchesse d'Étampes at Fontainebleau. For another
     print by Mignon see no. 35.
     Etching, 24.1 x 27.1 cm.
     BIBLIOTHÈQUE NATIONALE, PARIS

Cat. n⁰ 501

18 *Buste de François Ier en armure*
Fonte exécutée au XVIIIᵉ siècle d'un buste aujourd'hui
détruit, placé autrefois à l'entrée de l'escalier menant
à la Salle de Bal à Fontainebleau. C'est François Iᵉʳ qui,
amateur d'art italien, fit venir en France Léonard de
Vinci, Cellini, le Rosso et le Primatice. Il régna de 1515
à 1547
Bronze, H. 25-1/4 po
MUSÉE DES BEAUX-ARTS, TOURS

Cat. no. 501

18 *Bust of Francis I in Armour*
An eighteenth-century cast of a bust, now
destroyed, which was once placed at the entrance to
the staircase of the Salle de Bal at Fontainebleau.
Francis I, whose interest in Italian art brought
Leonardo, Cellini, Rosso, and Primaticcio, among
others, to France, was king from 1515–47.
Bronze, 64 cm. high
MUSÉE DES BEAUX-ARTS, TOURS

Cat. nº 154

19 *Projet décoratif*   avant 1547
Projet où l'on voit les figures allégoriques de la
Science, de la Religion et de la Charité glorifier le buste
de François Iᵉʳ (qui fit venir, en 1532, le peintre
d'origine bolonaise à Fontainebleau); peut-être ce
fronton est-il un souvenir du décor du Rosso pour
l'entrée du Cabinet Nord de la Galerie François Iᵉʳ
Plume, lavis bistre, rehauts blancs,
8-5/16 x 26-11/16 po
MUSÉE DE L'ERMITAGE, LENINGRAD

Cat. no. 154

19 *Decorative Project*   before 1547
Project in which allegorical figures of Knowledge,
Religion, and Charity glorify bust of Francis I who
had summoned this Bologna-born painter to
Fontainebleau in 1532; it may be a record of a
pediment Rosso had designed for the entrance to
the north room off the Galerie François Iᵉʳ.
Pen, bistre wash, heightened with white,
21.2 x 68.0 cm.
THE STATE HERMITAGE, LENINGRAD

Cat. n° 147

20   *Uranie*   vers 1540
     La muse de l'Astronomie, destinée à décorer les
     arcades de la Galerie Basse à Fontainebleau
     Plume, encre brune, lavis brun, rehauts blancs,
     8-3/16 x 7-1/4 po
     MUSÉE DU LOUVRE

Cat. no. 147

20   *Urania*   c. 1540
     The Muse of Astronomy designed for the arcades
     of the Galerie Basse at Fontainebleau.
     Pen and wash, brown ink, heightened with white,
     20.8 x 18.4 cm.
     THE LOUVRE

MAÎTRE L.D. (actif 1540–1556)
d'après le PRIMATICE

MASTER L. D. (active 1540–56)
after PRIMATICCIO

Cat. n° 376

21 *Érato*
Une des douze gravures d'après des dessins du
Primatice représentant trois déesses et neuf muses,
destinées à décorer la Galerie Basse. Voir fig. 41–51 et
53 pour d'autres œuvres de Maître L.D.
Eau-forte, 9 x 6-7/8 po
ÉCOLE DES BEAUX-ARTS, PARIS

Cat. no. 376

21 *Érato*
One of twelve prints after three goddesses and nine
muses interpreting Primaticcio's drawings for the
Galerie Basse. See figures 41–51, 53 for other works
by the Master L. D.
Etching, 22.8 x 17.5 cm.
ÉCOLE DES BEAUX-ARTS, PARIS

Cat. n° 153

22 *Jupiter envoyant les trois déesses au jugement de Pâris*
avant 1543
Peut-être une étude pour la décoration de la chambre
à l'étage de la Porte Dorée à Fontainebleau
Plume, encre brune, lavis brun, rehauts blancs,
7-1/2 x 11 po
COLLECTION FAMILLE IAN WOODNER, NEW YORK

Cat. no. 153

22 *Jupiter Sending the Three Goddesses to the Judgement of
Paris*   before 1543
Probably a study for the decoration of the room
over the Porte Dorée at Fontainebleau.
Pen and wash, brown ink, heightened with white,
19.1 x 28.0 cm.
IAN WOODNER FAMILY COLLECTION, NEW YORK

ANTONIO FANTUZZI (actif 1537–1550)
d'après le PRIMATICE

ANTONIO FANTUZZI (active 1537–50)
after PRIMATICCIO

Cat. n° 319

23 *Jupiter envoyant les trois déesses au jugement de Pâris*
daté 1543
Fantuzzi reproduit dans cette gravure non seulement la
partie centrale de la composition du Primatice mais
aussi son cadre ornemental. Voir fig. 1 et 71–79 pour
d'autres œuvres de Fantuzzi
Eau-forte, 13-3/4 x 19-11/16 po
THE METROPOLITAN MUSEUM OF ART

Cat. no. 319

23 *Jupiter Sending the Three Goddesses to the Judgement
of Paris* dated 1543
Fantuzzi's record of the surrounding ornament as
well as the central composition of Primaticcio's
decoration. See figures 1, 71–79 for other works
by Fantuzzi.
Etching, 34.9 x 50.0 cm.
THE METROPOLITAN MUSEUM OF ART

Cat. n° 150

24   *Les Cyclopes dans la forge de Vulcain*   1541–1545
Étude pour la composition qui décorait la cheminée du
Cabinet du Roi à Fontainebleau
Sanguine, lavis sanguine; contours soulignés, plume,
encre noire, 12-1/4 x 16-3/8 po
MUSÉE DU LOUVRE

Cat. no. 150

24   *The Cyclopses in the Forge of Vulcan*   1541–45
Study for the composition that decorated the
mantelpiece of the Cabinet du Roi at Fontainebleau.
Red chalk and wash over black pen and ink,
31.2 x 41.6 cm.
THE LOUVRE

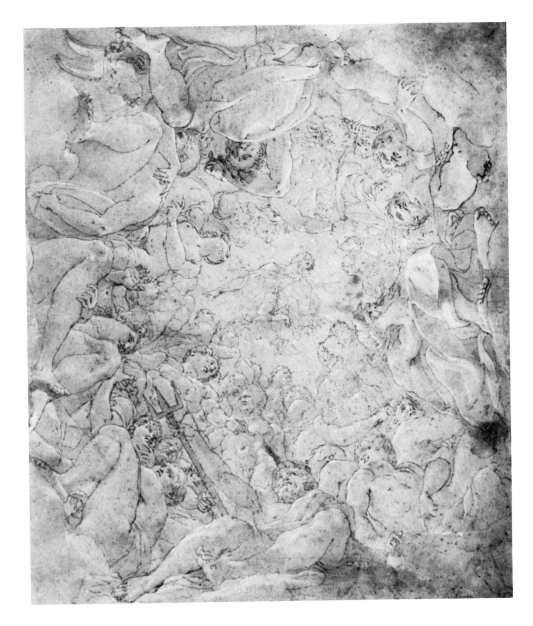

Cat. n° 174

25   *L'Olympe*   1541–1547
Les dieux de l'Olympe avec Jupiter, au centre, et
Neptune, au premier plan, reconnaissable à son
trident; étude pour la voûte de la Galerie d'Ulysse à
Fontainebleau
Plume, encre brune, lavis brun, rehauts blancs,
15-1/16 x 13-1/4 po
MUSÉE DU LOUVRE

Cat. no. 174

25   *Olympus*   1541–47
The gods at Olympus with Jupiter in the centre
and Neptune with his trident in the foreground:
a study for the ceiling of the Galerie d'Ulysse at
Fontainebleau.
Pen, brown ink and wash, heightened with white,
38.2 x 33.7 cm.
THE LOUVRE

Cat. n° 167

26 *Caron et Cerbère* 1552–1556
    Étude pour la Salle de Bal à Fontainebleau
    Sanguine, rehauts blancs, 5-3/8 x 8-5/16 po
    MUSÉE DU LOUVRE

Cat. no. 167

26 *Charon and Cerberus* 1552–56
    Study for the Salle de Bal at Fontainebleau.
    Red chalk, heightened with white, 13.7 x 21.1 cm.
    THE LOUVRE

Cat. n° 168

27 *Naïade* 1552–1556
    Étude pour la Salle de Bal
    Sanguine, rehauts blancs, 6-1/4 x 8-5/16 po
    MUSÉE DU LOUVRE

Cat. no. 168

27 *Naiad* 1552–56
    Study for the Salle de Bal.
    Red chalk, heightened with white, 15.9 x 21.1 cm.
    THE LOUVRE

Cat. n° 184

28 *Groupe d'anges montrant l'étoile du Berger*   1555–1560
    Étude pour la voûte de la Chapelle des Guise à Paris
    Sanguine, traces de plume, 14-5/8 x 12-1/2 po
    MUSÉE DU LOUVRE

Cat. no. 184

28 *Angels and the Star of Bethlehem*   1555–60
    Study for the ceiling of the Chapelle de Guise in
    Paris.
    Red chalk, traces of pen, 37.2 x 31.7 cm.
    THE LOUVRE

Cat. nº 179

29   *La Charité romaine*   1554–1559
Étude pour la Galerie d'Ulysse à Fontainebleau
Sanguine, rehauts blancs, traces de pierre noire,
10-1/16 x 6 po
MUSÉE DU LOUVRE

Cat. no. 179

29   *Roman Charity*   1554–59
Study for the Galerie d'Ulysse at Fontainebleau.
Red chalk, heightened with white, traces of black
chalk, 25.5 x 15.2 cm.
THE LOUVRE

Cat. n° 141

30   *Ulysse et Pénélope*   vers 1560
Ce tableau du Primatice représente la partie gauche
d'une composition (voir fig. 152b) conçue pour
décorer les murs de la Galerie d'Ulysse et exécutée
par Nicolo dell'Abate
Toile, 44-7/8 x 48-13/16 po
THE TOLEDO MUSEUM OF ART

Cat. no. 141

30   *Ulysses and Penelope*   c. 1560
Painting of the left part of a composition (see figure
152b) Primaticcio had designed for the walls of the
Galerie d'Ulysse at Fontainebleau, which Nicolo
dell'Abate had executed.
Oil on canvas, 1.14 x 1.24 m.
THE TOLEDO MUSEUM OF ART   63

Cat. nº 186

31   *La Foi*
Pierre noire, rehauts blancs, 11-15/16 x 6-15/16 po
THE PIERPONT MORGAN LIBRARY, NEW YORK

Cat. no. 186

31   *Faith*
Black chalk, heightened with white, 30.4 x 17.7 cm.
THE PIERPONT MORGAN LIBRARY, NEW YORK

Cat. nº 426

32 *Deux femmes romaines*
Figures inspirées de l'antique dont le sujet est
indéterminé. L'attribution au Primatice est incertaine,
car rien ne laisse croire que cet artiste ait gravé
Eau-forte, 7-5/8 x 4-5/8 po
COLLECTION PIERRE BERÈS, PARIS

Cat. no. 426

32 *Two Roman Women*
The classical subject has not been identified. The
attribution to Primaticcio is uncertain since it is
not known that he etched.
Etching, 19.4 x 11.7 cm.
COLL. PIERRE BERÈS, PARIS

Cat. n° 161

33 *Femme drapée, allongée vers la droite* vers 1550
Étude pour la figure de Fleuve dans un bas-relief du
Tombeau des Guise sculpté par Jean Picard en
collaboration avec Dominique Florentin
Sanguine, rehauts blancs, 5-3/4 x 9-9/16 po
MUSÉE DU LOUVRE

Cat. no. 161

33 *Draped Woman, Reclining toward the Right* c. 1550
Study for a river goddess in a bas-relief for the
Guise Family Tomb executed by Jean Picard in
collaboration with Dominique Florentin.
Red chalk, heightened with white, 14.7 x 24.3 cm.
THE LOUVRE

Cat. n° 515

34   *Le Triomphe de Claude de Lorraine*   1551
Fragment du Tombeau de Claude de Lorraine (mort
en 1550), Duc de Guise et grand'père de Marie Stuart,
inspiré des dessins du Primatice, telle la figure de
femme en bas à gauche (fig. 33).
Bas-relief, marbre, 25-3/16 x 66-15/16 po
MUSÉE DU LOUVRE

Cat. no. 515

34   *The Triumph of Claude de Lorraine*   1551
Part of the Tomb of Claude de Lorraine (died
1550), Duc de Guise and grandfather of Mary
Queen of Scots, based on Primaticcio's drawings,
such as figure 33, for the woman at the bottom left.
Bas-relief, marble, 64 cm. x 1.70 m.
THE LOUVRE

Cat. n° 408
35   *Terme*
     Gravure d'une série de vingt, représentant un terme
     (figure mi-humaine, mi-animale entourée d'éléments
     ornementaux), à mettre en rapport avec la décoration
     de la Chambre du Roi à Fontainebleau. Voir fig. 10–17
     pour d'autres œuvres de Mignon
     Eau-forte, 8-13/16 x 5-1/16 po
     ÉCOLE DES BEAUX-ARTS, PARIS

Cat. no. 408
35   *Term*
     One of a series of twenty etchings of terms (a
     terminal ornament using half the human body,
     combined with other animal and architectural
     forms) related to the decoration of the Chambre
     du Roi at Fontainebleau. For other works by
     Mignon see figures 10–17.
     Etching, 22.4 x 12.8 cm.
     ÉCOLE DES BEAUX-ARTS, PARIS

Cat. n° 340

36 *Ornement avec paysage*
Signée du monogramme de l'artiste, cette gravure d'un
décor architectural inconnu, comprend un terme,
semblable à celui de Mignon, mais inversé
Burin, 6-7/8 x 8-7/8 po
BIBLIOTHÈQUE NATIONALE, PARIS

Cat. no. 340

36 *Ornament with Landscape*
In this monogrammed print of an unknown
architectural scheme a term, similar to Mignon's
but reversed, is used.
Engraving, 17.5 x 22.5 cm.
BIBLIOTHÈQUE NATIONALE, PARIS

Cat. n° 335

37   *Amphiaraüs*
Le magicien, son cheval et son chariot disparaissent
dans le sol.
Burin, 12-3/4 x 8-3/4 po
ÉCOLE DES BEAUX-ARTS, PARIS

Cat. no. 335

37   *Amphiaraus*
The magician, his horse, and chariot are being
swallowed up by the earth.
Engraving, 32.4 x 22.5 cm.
ÉCOLE DES BEAUX-ARTS, PARIS

Cat. n° 338

38　*Gloria*
　　Probablement d'après un dessin du Rosso pour une
　　apothéose de François Iᵉʳ (voir fig. 19)
　　Burin, 11-1/8 x 8-3/4 po
　　BIBLIOTHÈQUE NATIONALE, PARIS

Cat. no. 338

38　*Gloria*
　　Believed to be one of the figures designed by
　　Rosso for a painting of the Apotheosis of Francis I
　　(see figure 19).
　　Engraving, 28.3 x 22.3 cm.
　　BIBLIOTHÈQUE NATIONALE, PARIS

Cat. nº 336

39　*Le banquet de Persépolis*
Le Primatice a conçu cet épisode de la vie d'Alexandre
pour la Chambre de la Duchesse d'Étampes à
Fontainebleau
Burin, 9-3/4 x 14-3/8 po
THE METROPOLITAN MUSEUM OF ART

Cat. no. 336

39　*The Feast at Persepolis*
Primaticcio had designed this episode in the life
of Alexander the Great for the Chambre de la
Duchesse d'Étampes at Fontainebleau.
Engraving, 24.7 x 36.5 cm.
THE METROPOLITAN MUSEUM OF ART

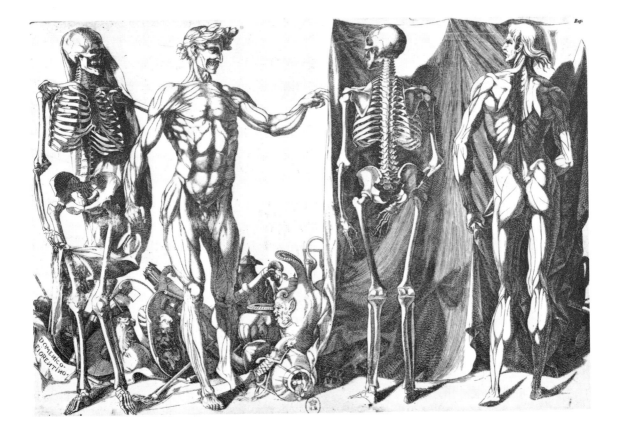

Cat. n° 339

40   *Squelettes et écorchés*
Burin, 9-5/16 x 13-5/16 po
BIBLIOTHÈQUE NATIONALE, PARIS

Cat. no. 339

40   *Skeltons and Anatomical Figures*
Engraving, 23.6 x 33.8 cm.
BIBLIOTHÈQUE NATIONALE, PARIS

41

42

Cat. n° 370

41 *Le jardin de Vertumne*
Cette composition du Primatice était peinte au
Pavillon de Pomone à Fontainebleau
Burin, 12-13/16 x 12-15/16 po
BIBLIOTHÈQUE NATIONALE, PARIS

Cat. no. 370

41 *The Garden of Vertumnus*
This composition by Primaticcio was painted in
the Pavillon de Pomone at Fontainebleau.
Engraving, 32.5 x 32.7 cm.
BIBLIOTHÈQUE NATIONALE, PARIS

Cat. n° 375

42 *L'Apollon du Belvédère* d'après l'antique
Un des antiques dont François I\ er commanda en 1540
une fonte en bronze pour Fontainebleau
Eau-forte, quelques reprises au burin,
11-7/16 x 5-7/8 po
BIBLIOTHÈQUE NATIONALE, PARIS

Cat. no. 375

42 *The Apollo Belvedere* after the antique
One of the antique statues Francis I in 1540
ordered cast in bronze for Fontainebleau.
Etching and some engraving, 29.0 x 14.9 cm.
BIBLIOTHÈQUE NATIONALE, PARIS

Cat. n° 372

43 *Jupiter et Sémélé*   1543–1544
Sémélé terrassée par Jupiter. Cette composition du
Primatice est très probablement celle qui était peinte
sur la cheminée dans le Cabinet ouvrant sur la Galerie
François Ier
Eau-forte, 8-1/4 x 11-7/16 po
ÉCOLE DES BEAUX-ARTS, PARIS

Cat. no. 372

43 *Jupiter and Semele*
Semele overcome by Jupiter in the composition
Primaticcio probably painted over the mantelpiece
in the room opening off the Galerie François Ier.
Etching, 20.9 x 29.1 cm.
ÉCOLE DES BEAUX-ARTS, PARIS

Cat. n° 377

44   *Chiens assaillant un cerf*   vers 1545
Cette feuille représente très probablement Actéon
métamorphosé en cerf et dévoré par ses chiens pour
avoir vu Diane et ses nymphes en train de se baigner
Eau-forte, 9-1/2 x 13-9/16 po
ÉCOLE DES BEAUX-ARTS, PARIS

Cat. no. 377

44   *Dogs Attacking a Stag*   c. 1545
The stag is probably Actaeon, the hunter who was
torn to pieces by his dogs because he saw Diana
and her nymphs bathing.
Etching, 24.2 x 34.5 cm.
ÉCOLE DES BEAUX-ARTS, PARIS

Cat. n° 387   Cat. no. 387

45   *Diane et ses nymphes poursuivant un cerf*   1547   45   *Diana and her Nymphs Pursuing a Stag*   1547
Eau-forte, 12-1/2 x 15-1/4 po   Etching, 31.8 x 38.8 cm.
BIBLIOTHÈQUE NATIONALE, PARIS   BIBLIOTHÈQUE NATIONALE, PARIS   77

Cat. nº 381

46 *Hommes rassemblés autour d'un chameau*
Probablement Joseph et ses frères; peut-être une copie
d'une composition du Primatice qui ornait la cheminée
du Cabinet du Roi à Fontainebleau
Eau-forte, 12-1/2 x 17 po
GALERIE NATIONALE DU CANADA, OTTAWA

Cat. no. 381

46 *Men Gathered around a Camel*
Probably Joseph and his brothers, perhaps a copy
of a composition of Primaticcio's for above the
mantelpiece in the Cabinet du Roi at Fontainebleau.
Etching, 31.7 x 43.1 cm.
THE NATIONAL GALLERY OF CANADA, OTTAWA

Ab Ioue, per fylues errans, compreſſa Caliſto

Cat. n° 394

47   *Calisto recevant les embrassements de Jupiter*   après 1547
Montre l'intérêt de Thiry pour le paysage. Voir
fig. 60–66 pour d'autres œuvres de Thiry
Eau-forte, 4-5/8 x 8-7/8 po
BIBLIOTHÈQUE NATIONALE, PARIS

Cat. no. 394

47   *Callisto Embraced by Jupiter*   after 1547
Shows Thiry's interest in landscape. See figures
60–66 for other works by Thiry.
Etching, 11.7 x 22.5 cm.
BIBLIOTHÈQUE NATIONALE, PARIS

Cat. n° 649

48   *Coupe*

L'intérieur de la coupe avec le *Repos de Diane* reproduit
exactement le motif de la gravure du Maître L.D.
d'après le Primatice
Cuivre émaillé, H. 3-15/16 po, D. 9-7/8 po
MUSÉE DE CLUNY, PARIS

Cat. no. 649

48   *Cup*

The interior of the cup reproduces exactly a print of
the *Diana at Rest* by the Master L. D. after
Primaticcio.
Enamelled copper, 10 cm. high, 25 cm. in diameter
MUSÉE DE CLUNY, PARIS

LVSSVRIA

Cat. n° 391

49 *La Luxure* vers 1547
Une gravure d'une série sur les Sept péchés capitaux.
Voir fig. 8–10, 13–16, 50 et 51 pour d'autres œuvres
par Penni
Eau-forte, 11-13/16 x 18-1/8 po
COLLECTION PRIVÉE, PARIS

Cat. no. 391

49 *Lust* c. 1547
One of a series on the Seven Deadly Sins. See
figures 8–10, 13–16, 50, 51 for other works by Penni.
Etching, 30.0 x 46.0 cm.
PRIVATE COLLECTION, PARIS

Cat. n° 385

50   *Mars et Vénus servis à table*   vers 1547
Cupidon adolescent, au centre de la composition,
assure le service; sujet dont le sens nous échappe
Eau-forte, 10-1/2 x 16-15/16 po
ÉCOLE DES BEAUX-ARTS, PARIS

Cat. no. 385

50   *Mars and Venus Served at a Table*   c. 1547
Adolescent Cupid is serving in the centre; the
meaning of the subject is uncertain.
Etching, 26.6 x 43.0 cm.
ÉCOLE DES BEAUX-ARTS, PARIS

Cat. nº 390
51 *Le Christ aux limbes* vers 1547
Eau-forte, 14-1/8 x 11-3/16 po
ÉCOLE DES BEAUX-ARTS, PARIS

Cat. no. 390
51 *Christ in Limbo* c. 1547
Etching, 35.9 x 28.4 cm.
ÉCOLE DES BEAUX-ARTS, PARIS

Cat. n° 506

52 *Diane caressant un cerf*
Cette œuvre reproduit la même composition que la fig. 55
Bas-relief, marbre, 10-5/8 x 16-1/2 po
MUSÉE DE CLUNY, PARIS

Cat. no. 506

52 *Diana Caressing a Stag*
Reproduces the same composition as figure 55.
Bas-relief, marble, 27 x 42 cm.
MUSÉE DE CLUNY, PARIS

Cat. n° 371

53 *Danaé*
Gravée en sens inverse, c'est la composition peinte dans le compartiment central de la Galerie François Ier
Burin, 8-7/16 x 11-1/2 po
BIBLIOTHÈQUE NATIONALE, PARIS

Cat. no. 371

53 *Danae*
Reversal of composition painted on central compartment of Galerie François Ier.
Engraving, 21.4 x 29.2 cm.
BIBLIOTHÈQUE NATIONALE, PARIS

Cat. nº 616

54 *Bassin de la Nymphe de Fontainebleau*
Reprend la composition gravée par Milan et Boyvin,
fig. 55
Terre vernissée, 11 x 8-11/16 po
MUSÉE DU LOUVRE

Cat. no. 616

54 *Plate with the Nymph of Fontainebleau*
Reproduces the engraving in figure 55.
Glazed pottery, 28 x 22 cm.
THE LOUVRE

Cat. nº 423

55 *La Nymphe de Fontainebleau*   1554
Cette gravure reproduit le décor du Rosso dans la
Galerie François Iᵉʳ, mais la Nymphe remplace
la Danaé du Primatice (fig. 53)
Burin, 12-1/2 x 20 po
BIBLIOTHÈQUE NATIONALE, PARIS

Cat. no. 423

55 *The Nymph of Fontainebleau*   1554
Reproduces Rosso's decoration, replacing
Primaticcio's *Danae* (fig. 53) with the *Nymph*.
Engraving, 31.8 x 50.8 cm.
BIBLIOTHÈQUE NATIONALE, PARIS

85

Cat. nº 420

56   *Les Parques nues*
Peut-être, en fait, les trois Grâces
Burin, 9-1/2 x 6-1/2 po
THE BRITISH MUSEUM

Cat. no. 420

56   *The Nude Fates*
Perhaps in actuality the Three Graces.
Engraving, 24.2 x 16.5 cm.
THE BRITISH MUSEUM

Cat. n° 594

57 *Les trois Parques*
Panneau de meuble reproduisant une gravure de
Milan d'après un dessin du Rosso. Voir fig. 56
Bois de noyer, 13 x 12-5/8 po
MUSÉE DES ARTS DÉCORATIFS, PARIS

Cat. no. 594

57 *The Three Fates*
A panel from a piece of furniture based on Milan's
engraving after Rosso in figure 56.
Walnut, 33 x 32 cm.
MUSÉE DES ARTS DÉCORATIFS, PARIS

Cat. n° 421

58 *Les Parques masquées*   avant 1545
Le dessin du Rosso était sûrement destiné à la
confection de costumes pour une mascarade
Burin, 10-1/8 x 16-1/2 po
BIBLIOTHÈQUE NATIONALE, PARIS

Cat. no. 421

58 *The Masked Fates*   c. 1545
Rosso's drawing was very probably intended for
the design of costumes for a masquerade.
Engraving, 25.7 x 41.9 cm.
BIBLIOTHÈQUE NATIONALE, PARIS

Cat. nº 422

59 *Jupiter et Calisto*   avant 1545
Ce thème de Jupiter déguisé embrassant la nymphe
Calisto se retrouve dans une lunette de l'Appartement
des Bains
Burin, 7-1/16 x 11-1/4 po
ÉCOLE DES BEAUX-ARTS, PARIS

Cat no. 422

59 *Jupiter and Callisto*   before 1545
The same subject of a disguised Jupiter making
love to the nymph Callisto was painted in a lunette
of the Appartement des Bains
Engraving, 18.0 x 28.6 cm.
ÉCOLE DES BEAUX-ARTS, PARIS

Cat. n° 433

60 *Neptune et Thétis*
Burin, 8-15/16 x 5-13/16 po
BIBLIOTHÈQUE NATIONALE, PARIS

Cat. no. 433

60 *Neptune and Thetis*
Engraving, 22.7 x 14.8 cm.
BIBLIOTHÈQUE NATIONALE, PARIS

Cat. nº 221
61   *L'éducation d'Achille*   1534–1536
     Copie d'après un premier projet abandonné du Rosso
     pour la Galerie François Ier. Voir fig. 47 pour une
     autre œuvre d'après Thiry
     Plume, lavis bistre, 13-1/16 x 17-7/8 po
     ÉCOLE DES BEAUX-ARTS, PARIS

Cat. no. 221
61   *The Education of Achilles*   1534–36
     Copy of a project abandonned by Rosso for the
     Galerie François Ier. See figure 47 for another
     work after Thiry.
     Pen and bistre wash, 33.2 x 45.4 cm.
     ÉCOLE DES BEAUX-ARTS, PARIS

Cat. n° 224   Cat. no. 224
62   *Jésus portant sa croix*   62   *The Way to Calvary*
     Plume, lavis bistre, rehauts blancs, papier préparé   Pen, bistre wash, heightened with white on a
     gris-vert, 9-5/8 x 14-1/16 po   grey-green ground, 24.5 x 35.7 cm.
     THE BRITISH MUSEUM   THE BRITISH MUSEUM   91

Cat. n° 225

63 *Phryxus est reçu par le roi Éétes* 1536–1550
Quatrième composition de l'histoire de la *Conqueste de la Toison d'Or;* ici, Éétes reçoit le jeune homme qui lui donnera la toison d'or
Plume, encre brune, lavis brun, 6-1/8 x 9-1/4 po
CABINET DES DESSINS DE L'UNIVERSITÉ, LEYDE

Cat. no. 225

63 *Phryxus Received by King Eetes* 1536–50
History of the Golden Fleece, number 4. Eetes receiving the youth who will give him the fleece.
Pen, brown ink and wash, 15.6 x 23.4 cm.
PRINTROOM OF THE UNIVERSITY, LEIDEN

Cat. n° 226

64 *Médée enseigne à Jason le moyen de dérober la toison d'or*
La huitième composition rappelle à la fois les éléments décoratifs de la Galerie François Ier et l'art de la tapisserie
Plume, encre brune, lavis brun, 6-13/16 x 9-3/16 po
CABINET DES DESSINS DE L'UNIVERSITÉ, LEYDE

Cat. no. 226

64 *Medea Teaching Jason How to Steal the Golden Fleece*
Number 8. Inspired by the Galerie François Ier and tapestries.
Pen, brown ink and wash, 15.7 x 23.4 cm.
PRINTROOM OF THE UNIVERSITY, LEIDEN

Apres auoir eu des monstres victoire,   De Mars au temple, ou la thoison pendoit:
Marche Iason plein de ioye & de gloire   Qu'il va saisir & emporte a bon droit.

Appendice, J

65   *Jason entre dans le temple de Mars*
La treizième des gravures de Boyvin publiées en 1563
Burin, 7-1/2 x 9-1/8 po
GALERIE NATIONALE DU CANADA, OTTAWA

Cat. no. J (follows cat. no. 282)

65   *Jason Entering the Temple of Mars*
Number 13 of Boyvin's engravings published
in 1563.
Engraving, 19 x 23.2 cm.
THE NATIONAL GALLERY OF CANADA, OTTAWA

Appendice, K

66   *Pélias tué par ses filles*
Les Péliades suivent les conseils de Médée pour rendre
à leur père sa jeunesse
Burin, 6-1/4 x 9-1/16 po (coupée)
GALERIE NATIONALE DU CANADA, OTTAWA

Cat. no. K (before cat. no. 285)

66   *Pelias Killed by his Daughters*
The Peliades are following the suggestion of
Medea to restore their father's youth.
Engraving, 16 x 23 cm. (cut)
THE NATIONAL GALLERY OF CANADA, OTTAWA

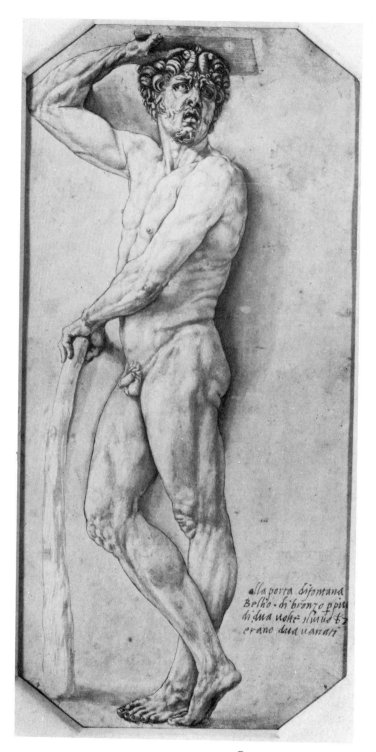

Cat. n° 51

67 *Satyre* vers 1543
Un des satyres de l'invention de Cellini, qui devaient
supporter la lunette de la *Nymphe de Fontainebleau* (voir
fig. 55 et 141), pour la Porte Dorée, à Fontainebleau.
Cellini, appelé en France par François Ier en 1540,
retourna en Italie en 1545
Plume, lavis bistre, 16-5/16 x 7-15/16 po
COLLECTION FAMILLE IAN WOODNER, NEW YORK

Cat. no. 51

67 *Satyr* c. 1543
One of the satyrs designed by Cellini to support
his famous relief, the *Nymph of Fontainebleau*
(see figures 55 and 141), for the Porte Dorée at
Fontainebleau. Cellini, who was called to France
by Francis I in 1540, returned to Italy in 1545.
Pen and bistre wash, 41.5 x 20 cm.
IAN WOODNER FAMILY COLLECTION, NEW YORK

Attribué à PIERRE BONTEMPS
(vers 1505/1510–vers 1568/1570)

Attributed to PIERRE BONTEMPS
(c. 1505/10–c. 1568/70)

Cat. n° 509

68   *Le passage du Granique*   avant 1547
Une évocation de la victoire d'Alexandre le Grand
attribuée à Pierre Bontemps qui travailla à
Fontainebleau jusqu'en 1548
Bas-relief, bronze, 31-7/8 x 70-7/8 po
MUSÉE DU LOUVRE

Cat. no. 509

68   *Crossing the Granicus*   before 1547
A recreation of the victory of Alexander the Great
attributed to Pierre Bontemps who worked at
Fontainebleau until 1548.
Bas-relief, bronze, 81 cm. x 1.8 m.
THE LOUVRE

Cat. n° 28

69   *Projet de décoration aux armes d'Henri VIII et
Catherine Parr*   1543–1546
Dessin d'architecture exécuté entre le mariage d'Henri
à Catherine Parr en 1543 et sa mort en 1546, par cet
artiste, né à Modène, qui séjourna en France de
1516 à 1537, année où il partit pour l'Angleterre
Plume, encre grise, lavis gris, légers rehauts,
8-1/16 x 10-13/16 po
MUSÉE DU LOUVRE

Cat. no. 28

69   *Design for a Decoration with the Arms of Henry VIII
and Catherine Parr*   1543–46
Architectural design drawn between the marriage of
Henry to Catherine Parr in 1543 and his death in
1546 by the Modena-born artist who was in France
from 1516–37; after, he went to England.
Pen and wash drawing with grey ink, heightened
with white, 20.5 x 27.5 cm.
THE LOUVRE

Cat. n° 265

70 *Projet de cheminée*
    On sent ici l'influence du Rosso probablement par
    l'intermédiaire des gravures de Fantuzzi (fig. 71–79)
    Plume, lavis brun, 17 x 10-3/8 po
    HESSISCHES LANDESMUSEUM, DARMSTADT

Cat. no. 265

70 *Design for a Fireplace*
    There is evidence of Rosso's influence, probably
    known through the prints of Fantuzzi (figures
    71–79).
    Pen and brown wash, 43.1 x 26.4 cm.
    HESSISCHES LANDESMUSEUM, DARMSTADT

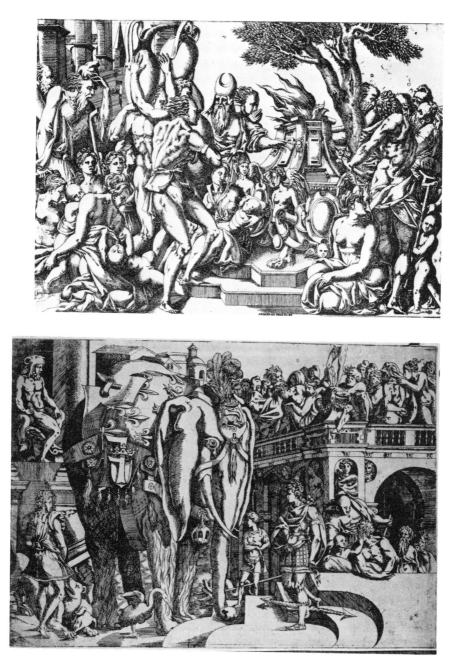

Cat. n° 308

71   *Le sacrifice* daté 1542
D'après la composition de la Galerie François Ier à Fontainebleau. Voir d'autres œuvres de Fantuzzi, fig. 1 et 23
Eau-forte; imprimé en sanguine, 11-9/16 x 16-7/8 po
THE BRITISH MUSEUM

Cat. no. 308

71   *The Sacrifice* dated 1542
Based on the composition in the Galerie François Ier at Fontainebleau. For other works by Fantuzzi, see figures 1, 23.
Etching, 27.6 x 39.4 cm.
THE BRITISH MUSEUM

Cat. n° 309

72   *L'éléphant fleurdelysé* 1542–1543
L'éléphant dans cette composition de la Galerie François Ier symbolise la royauté
Eau-forte; imprimé en sanguine, 11-9/16 x 16-7/8 po
THE BRITISH MUSEUM

Cat. no. 309

72   *The Elephant with Fleurs de lys* 1542–43
The elephant in this composition in the Galerie François Ier symbolizes royalty.
Etching, printed in red, 29.3 x 42.8 cm.
THE BRITISH MUSEUM

Cat. n° 313

73 *Paysage dans des ornements*
    Le paysage remplace la scène de l'*Ignorance chassée* dans
    la décoration de la Galerie François Ier par le Rosso
    Eau-forte, 10-5/8 x 21-1/8 po
    BIBLIOTHÈQUE NATIONALE, PARIS

Cat. no. 313

73 *Landscape in Ornamental Framework*
    The landscape replaces the scene of *Ignorance
    Banished* in Rosso's stucco decoration of the
    Galerie François Ier.
    Etching, 27.0 x 53.6 cm.
    BIBLIOTHÈQUE NATIONALE, PARIS   99

Cat. nº 312

74   *La dispute d'Athèna (Minerve) et de Poséidon (Neptune)*
     vers 1542
     Quoique dans le style du Rosso à la Galerie
     François Ier, le modèle de cette gravure est difficile à
     identifier
     Eau-forte, 10-1/4 x 16-7/16 po
     THE METROPOLITAN MUSEUM OF ART

Cat. no. 312

74   *The Contest between Athena and Poseidon*   c. 1542
     Although close to the style of Rosso and the
     Galerie François Ier, the source for the print is
     unknown.
     Etching, 26.0 x 41.7 cm.
     THE METROPOLITAN MUSEUM OF ART

Cat. nº 325

75 *La Sainte Famille* vers 1545
D'après une peinture du Rosso connue seulement à
travers des gravures
Eau-forte, 13-7/16 x 11 po
BIBLIOTHÈQUE NATIONALE, PARIS

Cat. no. 325

75 *Holy Family* c. 1545
From a painting by Rosso only known through
prints.
Etching, 34.2 x 28.0 cm.
BIBLIOTHÈQUE NATIONALE, PARIS

Cat. n° 315

76 *Vertumne et Pomone* 1542–1543

Cette composition du Rosso était peinte au Pavillon de
Pomone au milieu de stucs dont Fantuzzi nous a aussi
conservé le souvenir (fig. 77)

Eau-forte, 13-11/16 x 13-11/16 po

THE BRITISH MUSEUM

Cat. no. 315

76 *Vertumnus and Pomona* 1542–43

Composition for the Pavillon de Pomone placed
within stucco framework recorded in figure 77.
Etching, 34.8 x 34.7 cm.

THE BRITISH MUSEUM

Cat. n° 316

77   *Cartouche avec paysage*   1542–1543
Fantuzzi a inscrit un paysage dans le motif qui, exécuté
en stuc, encadrait la composition du Pavillon de
Pomone présentée dans la figure 76
Eau-forte, 10-1/4 x 16-1/4 po
BIBLIOTHÈQUE NATIONALE, PARIS

Cat. no. 316

77   *Cartouche with Landscape*   1542–43
Fantuzzi etched a landscape within the stuccos for
figure 76 in the Pavillon de Pomone.
Etching, 26.0 x 41.2 cm.
BIBLIOTHÈQUE NATIONALE, PARIS

Cat. n° 323

78 *Mars et Vénus au bain* 1543
Le sujet de cette lunette fait penser à l'Appartement
des Bains
Eau-forte, 8-1/2 x 16-3/4 po
BIBLIOTHÈQUE NATIONALE, PARIS

Cat. no. 323

78 *Mars and Venus Bathing* 1543
Possibly after a lunette for the Appartment des Bains.
Etching, 21.6 x 42.6 cm.
BIBLIOTHÈQUE NATIONALE, PARIS

Cat. n° 328

79 *Les filles de Minyas* datée 1545
Pour avoir refusé de célébrer la fête de Bacchus pour se consacrer aux travaux de Minerve, elles seront métamorphosées en chauves-souris
Eau-forte, 9-13/16 x 12 po
BIBLIOTHÈQUE NATIONALE, PARIS

Cat. no. 328

79 *The Daughters of Minyas* dated 1545
Following the peaceful pursuits of Minerva, having refused to celebrate the feast of Dionysus, they will be turned into bats.
Etching, 25.0 x 30.4 cm.
BIBLIOTHÈQUE NATIONALE, PARIS

Cat. n° 358

80 *Apelle peignant Alexandre et Campaspe*
La scène centrale (non l'encadrement) est d'après une
composition du Primatice pour la Chambre de la
Duchesse d'Étampes à Fontainebleau
Eau-forte, 17-3/16 x 11-5/8 po
BIBLIOTHÈQUE NATIONALE, PARIS

Cat. no. 358

80 *Apelles Painting Alexander and Campaspe*
Central scene (but not the framework) is based on
Primaticcio's composition for the Chambre de la
Duchesse d'Étampes at Fontainebleau
Etching, 44.0 x 29.6 cm.
BIBLIOTHÈQUE NATIONALE, PARIS

Cat. n° 362

81 *Paysage*   vers 1543–1544
Ce paysage est de style flamand
Eau-forte, 5-15/16 x 10-5/8 po
BIBLIOTHÈQUE NATIONALE, PARIS

Cat. no. 362

81 *Landscape* c. 1543–44
In the Flemish manner.
Etching, 15.1 x 27.0 cm.
BIBLIOTHÈQUE NATIONALE, PARIS

Cat. n° 360

82 *Homme nu attaché à un arbre*
Le sujet demeure inexpliqué
Eau-forte, 12-5/16 x 8-9/16 po
BIBLIOTHÈQUE NATIONALE, PARIS

Cat. no. 360

82 *Nude Man Tied to a Tree*
The subject is unexplained.
Etching, 31.2 x 21.7 cm.
BIBLIOTHÈQUE NATIONALE, PARIS

Cat. nº 270

83   «Lazare et le mauvais riche; les œuvres de miséricorde
et le jugement dernier», frontispice du *Cartulaire de
l'Hospice général de Rouen*
Dumoustier a peint lui-même le frontispice, mais son
atelier de Rouen exécuta les autres enluminures
Peinture sur vélin, 13-3/4 x 9-13/16 po
ARCHIVES DÉPARTEMENTALES DE LA SEINE-MARITIME,
ROUEN

Cat. no. 270

83   ''Dives and Lazarus; The Works of Mercy and the
Last Judgment.'' Frontispiece of *The Cartulary of the
Hospice général of Rouen*
Dumoustier painted the frontispiece, but his
Rouen studio illuminated the rest.
Illuminated manuscript on vellum, 35.0 x 25.0 cm.
ARCHIVES DÉPARTEMENTALES DE LA SEINE-
MARITIME, ROUEN

84

85

Cat. n° 117

84 *La Vierge et l'Enfant*
Dumoustier, originaire de Rouen, travailla à
Fontainebleau avec le Rosso entre 1537 et 1540
Plume, lavis bistre, 10-3/16 x 6-5/16 po
ÉCOLE DES BEAUX-ARTS, PARIS

Cat. no. 117

84 *Virgin and Child*
Dumoustier, who was from Rouen, worked at
Fontainebleau with Rosso, 1537–40.
Pen, bistre wash, 25.9 x 16.1 cm.
ÉCOLE DES BEAUX-ARTS, PARIS

Cat. n° 118

85 *Projet de vitrail*
Dans le registre inférieur, cinq compartiments où est
illustrée la Prédication du Christ; dans le registre
supérieur, les scènes de l'Annonciation, de
l'Assomption et de la Visitation
Plume, encre brune, lavis brun, parchemin,
18-3/8 x 14-3/4 po
MUSÉE DU LOUVRE

Cat. no. 118

85 *Design for a Stained-Glass Window*
In the five lunettes below, a single scene of the
Preaching of Christ; above, the Annunciation,
Assumption, and Visitation.
Pen, brown ink and wash on parchment, 46.6 x 37.5
cm.
THE LOUVRE

LIVRE PREMIER DE

*Poliphile racompte comme il luy fut aduis en songe qu'il dormoit, & en
dormant se trouuoit en une uallee fermée d'une grand closture en forme de pyramide, sur laquelle estoit assis un obelisque de merueilleuse
haulteur, qu'il regarda songneusement, & par grande admiration.*

A forest espouentable aiant esté par moy passée,
& apres auoir delaissé ceste premiere region par
le doulx sommeil qui m'auoit lors espris, ie me
trouuay tout de nouueau en vn lieu beaucoup
plus delectable que le premier, car il estoit bordé
& enuironné de plaisans cotaulx verdoians, &
peuplez de diuerses manieres d'arbres, comme
chesnes, faux, planes, ormes, fraisnes, charmes,
tilleulz, & autres, plantez selon l'aspect du lieu. &
abas atrauers la plaine, y auoit de petitz buys-
sons d'arbrisseaux sauluaiges, côme genestz, geneuriers, bruyeres, & tama-
rins, chargez de fleurs. parmy les prez croissoient les herbes medicinales, a
scauoir les trois consolides, enule, cheurefeuil, branque vrsine, liuesche, per-
sil de macedoine, piuoyne, guymaues, plantain, betoyne, & autres simples
de toutes sortes & especes, plusieurs desquelles m'estoient incôgneues. Vn
peu plus auant que le mylieu de ceste plaine, y auoit vne sablonniere meslée
de petites mottes verdes, & pleine d'herbe menuette, & vn petit boys de
palmiers, esquelz les Egyptiés cueillent pain, vin, huille, vestement, & mes-
rain pour bastir. leurs fueilles sembloient lames d'espees, & estoiêt chargées
de fruict. il y en auoit de grandes, moiennes, & petites, & leur ont les anciens
donné ce

Cat. n° 678

86 *Hypnérotomachie* ou *Discours du songe de Poliphile*
par Francesco Colonna (1433–1527), pp. A3ᵛ–A4ʳ
Ce roman raconte les aventures de Poliphile et de sa
bien-aimée Polia. Paru à Venise en 1499, sa traduction
française a été illustrée de gravures, interprétations
françaises des originaux italiens dans le style de
Mantegna. Jacques Kerver, Paris, 1546
BIBLIOTHÈQUE NATIONALE, PARIS

Cat. no. 678

86 *Hypnerotomachia* or *Discourse on the Dream of
Poliphilus* by Francesco Colonna (1433–1527),
pp. A 3ᵛ – A 4ʳ
A novel of the adventures of Poliphilus and his
beloved Polia, first published in Venice in 1499,
illustrated in this French translation with French
interpretations of the original Italian woodcuts
in the manner of Mantegna.
Paris: Jacques Kerver, 1546.
BIBLIOTHÈQUE NATIONALE, PARIS

donné ce tiltre qu'elles signifient victoire, pourautant qu'elles resistent a toute charge & pesant faiz sans qu'on les puisse prosterner. En ce lieu n'y auoit aucune habitation, toutesfois en cheminant entre ces arbres sur main gauche m'apparut vn loup courant la gueule pleine, par la veue duquel les cheueux me dresserét en la teste, & voulu crier, mais ie ne me trouuay point de voix. Aussi tost qu'il m'eut apperceu, il s'en fuyt dedás le boys. quoy voiát ie retournay aucunemét en moy, & leuát les yeulx deuers celle part ou les mótaignes s'assembloient, ie vey vn peu a costiere vne grande haulteur en forme d'vne tour, & la aupres vn bastimét qui sembloit imperfaict, toutesfois a ce que i'en pouoie iuger, c'estoit de structure antique.

Du costé ou estoit cest edifice, les cotaulx se leuoient vn peu plus hault, & sembloiét ioindre au bastiment qui estoit assis entre deux montaignes, & seruoit de closture a vne vallée: parquoy estimant que c'estoit chose digne de veoir, i'adressay mon chemin celle part. mais tant plus i'en approchoye, plus se descouuroit ceste œuure magnifique, & me croissoit le desir de la regarder, car elle ne resembloit plus vne tour, ains vn merueilleux obelisque, fondé sur vn grand monceau de pierres, la haulteur duquel excedoit sans cóparaison les montaignes qui estoient aux deux costez. Quand ie fu approché tout pres, ie m'arrestai pour contempler plus a loisir si gráde insolence d'architecture qui estoit a demy demolie, cóposée de quartiers de marbre blác assemblez sans cyment, & si bien adioustez, que la ou elle estoit encores entiere, la pointe d'vne aiguille n'eust sceu entrer entre deux pierres. La y auoit de toutes sortes de colonnes, partie tumbées & rompues, partie entieres: & en leurs lieux, auec leurs chapiteaux, architraues, frizes, cornices, & soubassemens, de

A iiij

Cat. n° 220
87 *La Résurrection*
Cet artiste florentin a séjourné en France de 1554 à 1555
Plume, lavis bistre, rehauts blancs, 10-7/8 x 7-1/2 po
COLLECTION FAMILLE IAN WOODNER, NEW YORK

Cat. no. 220
87 *The Resurrection*
This Florentine artist was in France from 1554–55.
Pen and bistre wash, heightened with white,
27.7 x 19.1 cm.
IAN WOODNER FAMILY COLLECTION, NEW YORK

MAÎTRE N. H. (actif vers 1550)
d'après COUSIN, le Père

MASTER N. H. (active c. 1550)
after COUSIN the Elder

Cat. n° 402

88 *Jupiter et Antiope*   1545
Eau-forte, 7-1/4 x 4-3/4 po
BIBLIOTHÈQUE NATIONALE, PARIS

Cat. no. 402

88 *Jupiter and Antiope*   1545
Etching, 18.4 x 12.1 cm.
BIBLIOTHÈQUE NATIONALE, PARIS

Cat. n° 288

89   *La mise au tombeau*   avant 1545
     Une des rares œuvres que l'on peut attribuer avec
     certitude à Cousin, le Père
     Burin, 6-5/8 x 11-11/16 po
     THE METROPOLITAN MUSEUM OF ART

Cat. no. 288

89   *The Entombment*   before 1545
     One of the rare works certainly by Jean Cousin the
     Elder.
     Engraving, 16.8 x 29.7 cm.
     THE METROPOLITAN MUSEUM OF ART

Cat. n° 596

90   *Corporalier*
Étui du linge sur lequel étaient placés le pain et le vin
au commencement de la messe. Cette broderie parait
influencée par le style de Cousin
Soie brodée d'or, 11-5/8 x 10-1/4 x 1-5/8 po
MUSÉE DE CLUNY, PARIS

Cat. no. 596

90   *Case for a Corporal*
This embroidered case for the cloth upon which
consecrated bread and wine were placed at the
beginning of the mass seems influenced by Cousin.
Gold-embroidered silk, 23.5 x 26.1 x .4 cm.
MUSÉE DE CLUNY, PARIS

Cat. n° 287
91   *L'Annonciation*
     La seule épreuve que l'on connaisse de cette gravure;
     elle s'inspire peut-être d'une œuvre du Rosso
     (fig. 5)
     Burin, 5-1/4 x 7-3/4 po
THE METROPOLITAN MUSEUM OF ART

Cat. no. 287
91   *The Annunciation*
     Only impression known; perhaps influenced by
     Rosso (figure 5).
     Engraving, 13.3 x 19.7 cm.
THE METROPOLITAN MUSEUM OF ART

Cat. n° 58
92 *Pénélope*
   Montre l'intérêt de Cousin pour la perspective (fig. 94)
   Plume, sanguine, lavis, 4-15/16 x 4-3/8 po
   MUSÉE DES BEAUX-ARTS, RENNES

Cat. no. 58
92 *Penelope*
   Shows Cousin's interest in perspective (figure 94).
   Pen, red chalk, and wash, 12.6 x 11.1 cm.
   MUSÉE DES BEAUX-ARTS, RENNES   117

SAINCT MAMES APRES AVOYR FESTIEE ET SE ESTRE DECLARE A CEVLX
QVI LE VOVLOYENT PRANDRE AYANS DIFFERE POVR LA PEVR QVILS
HEVRENT DES BESTES : DE LVY MESMES AVEC VNG LYON SEN ALLA
PRESENTER AV DVC ALEXANDRE QVI LE FEIST MARTIRISER

Cat. n° 454

93   *Saint Mammès venant se livrer au tribunal du gouverneur*
     de Cappadoce   1543–1544
     Laine et soie, 171-1/4 x 187 po
     MUSÉE DU LOUVRE

Cat. no. 454

93   *Saint Mammès Giving Himself up to the Tribunal of*
     the Governor of Cappadocia   1543–44
     Wool and silk, 4.35 x 4.75 m.
     THE LOUVRE

118

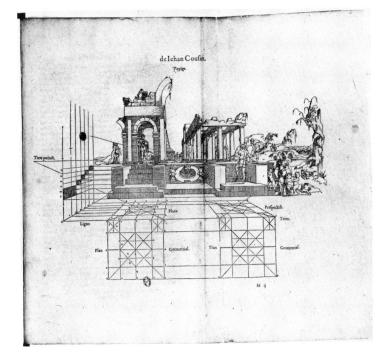

94 *Livre de perspective*
    Cousin écrivit ce livre sur la perspective et l'illustra
    de gravures. Voir une autre œuvre d'après Cousin,
    le Père, fig. 110. Jehan le Royer, Paris, 1560

94 *Livre de Perspective*
    Cousin wrote this book on perspective and illus-
    trated it with woodcuts. For another work by
    Cousin the Elder see figure 110.
    Paris: Jehan le Royer, 1560.

GIORGIO GHISI (1520/1521–1582)
d'après le PRIMATICE

GIORGIO GHISI (1520/21–1582)
after PRIMATICCIO

Cat. n° 345

95 *Le mariage mystique de sainte Catherine* vers 1560
Ce graveur vint probablement d'Italie en France
vers 1560
Burin, 12-13/16 x 9-3/4 po
BIBLIOTHÈQUE NATIONALE, PARIS

Cat. no. 345

95 *The Mystical Marriage of St. Catherine* c. 1560
This engraver probably arrived in France from Italy
about 1560.
Engraving, 32.5 x 24.8 cm.
BIBLIOTHÈQUE NATIONALE, PARIS

Cat. n° 347

96 *Apollon et Pan*
Copie d'après la peinture du Primatice dans la Galerie
d'Ulysse à Fontainebleau
Burin 11-3/4 x 6-13/16 po
BIBLIOTHÈQUE NATIONALE, PARIS

Cat. no. 347

96 *Apollo and Pan*
Copy after Primaticcio's painting in the Galerie
d'Ulysse at Fontainebleau.
Engraving, 29.7 x 17.1 cm.
BIBLIOTHÈQUE NATIONALE, PARIS

121

ANTOINE GARNIER (1611–1694)
d'après le PRIMATICE

ANTOINE GARNIER (1611–1694)
after PRIMATICCIO

Cat. n° 343

97 *Le Parnasse*
Le seul souvenir qui nous reste de la grande
composition qui se trouvait sur la voûte de la baie
centrale de la Galerie d'Ulysse
Eau-forte et burin, 13-1/2 x 24-5/16 po
BIBLIOTHÈQUE NATIONALE, PARIS

Cat. no. 343

97 *Parnassus*
Only evidence of Primaticcio's composition for the
central bay of the ceiling of the Galerie d'Ulysse.
Etching and engraving, 34.3 x 61.7 cm.
BIBLIOTHÈQUE NATIONALE, PARIS

Cat. n° 196

98   *Ulysse se garantit des charmes de Circé*
Dans cette copie tardive des fresques du Primatice
pour la Galerie d'Ulysse, qui montrent différents
épisodes des voyages d'Ulysse, le héros apparaît,
à droite, assis avec Circé qui tient dans ses mains la
coupe magique qui n'aura aucun effet sur Ulysse,
déjà fortifié. Et même ses compagnons que cette
potion magique avait métomorphosés en cochons,
seront rétablis dans leur état premier
Toile, 59-7/8 x 82-5/16
COLLECTION DE GERMINY

Cat. no. 196

98   *Ulysses Warding off the Enchantments of Circe*
In this later copy of Primaticcio's frescos of the
voyages of Ulysses for the Galerie d'Ulysse, the
hero sits at the right with Circe – who holds in her
hands the magic cup against which Ulysses has
fortified himself. His companions, whom she has
changed with this potion to swine, will be restored.
Oil on canvas, 1.515 x 2.09 m.
DE GERMINY COLLECTION

Cat. n° 197

99   *Ulysse et les Sirènes*
Une des copies tardives de la Galerie d'Ulysse (voir
fig. 98 et 100) montrant les Sirènes, à gauche, qui
essaient de séduire Ulysse attaché au mât de son
navire
Toile, 59-7/8 x 83-1/4 po
COLLECTION DE GERMINY

Cat. no. 197

99   *Ulysses and the Sirens*
One of the late copies of the Galerie d'Ulysse (see
figures 98, 100) in which the Sirens at the left try to
tempt Ulysses who is bound to the mast of his ship.
Oil on canvas, 1.52 x 2.115 m.
DE GERMINY COLLECTION

Cat. n° 198

100 *Ulysse et les prétendants*

De retour de ses voyages et ayant appris que Pénélope avait contre son gré accepté d'épouser celui de ses prétendants qui serait vainqueur du tournoi en se servant de l'arc d'Ulysse, celui-ci, dans le coin gauche, saisit son propre arc qui tuera tous ses rivaux

Toile, 58-5/8 x 81-1/2 po

COLLECTION DE GERMINY

Cat. no. 198

100 *Ulysses Competing with the Suitors*

Ulysses returned from his voyages, and his wife Penelope reluctantly agreed to accept whichever of her many suitors was victorious with Ulysses's bow; Ulysses on the left draws his own great bow which will kill all the suitors.

Oil on canvas, 1.49 x 2.07 m.

DE GERMINY COLLECTION

101 *Pénélope et ses femmes faisant de la toile*

Cat. n° 357

Ce sujet ne faisait pas, semble-t-il, partie de la
Galerie d'Ulysse; il y a des raisons de croire qu'il a
servi à une décoration du château
Burin, 7-3/4 x 16-9/16 po
BIBLIOTHÈQUE NATIONALE, PARIS

101 *Penelope and her Handmaidens Weaving*

Cat. no. 357

This subject was not used in the Galerie d'Ulysse
but must have appeared somewhere else at
Fontainebleau.
Engraving, 19.7 x 42.0 cm.
BIBLIOTHÈQUE NATIONALE, PARIS

Cat. nº 73

102   *Projet de plat*
       Après avoir été nommé, en 1552, graveur et orfèvre de
       la maison du Roi, Delaune dessina une série de plats
       contenant des allusions à Henri II et à Diane de
       Poitiers. Ici, le thème de Samson évoque la puissance
       royale
       Plume, encre brune, lavis brun, vélin, D. 10-11/16 po
       MUSÉE DU LOUVRE

Cat. no. 73

102   *Design for a Plate*
       After being named Engraver and Goldsmith to the
       Royal House in 1552, Delaune designed a series of
       plates with allusions to Henry II and Diane de
       Poitiers. Here the stories of Samson are a reminder
       of royal power.
       Pen, brown ink and wash on vellum, 27.2 cm. in
       diameter
       THE LOUVRE

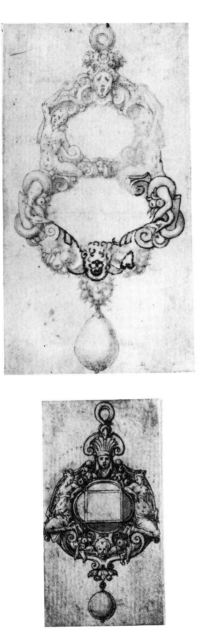

Cat. n° 78
103 *Pendentif*
Pointe d'argent, 3-9/16 x 2-1/10 po
COLLECTION PRIVÉE, PARIS

Cat. no. 78
103 *Design for a Pendant*
Silverpoint, pen on vellum, 9.2 x 5.3 cm.
PRIVATE COLLECTION, PARIS

Cat. n° 79
104 *Projet de bijou*
Pointe d'argent, 2-5/16 x 1-1/4 po
COLLECTION PRIVÉE, PARIS

Cat. no. 79
104 *Design for a Piece of Jewelry*
Silverpoint, pen on vellum, 6.0 x 3.2 cm.
PRIVATE COLLECTION, PARIS

Cat. nº 291

105   *Narcisse* daté 1569
Petite gravure d'une série de quatre d'après les principaux maîtres de Fontainebleau
Burin, 2-3/16 x 1-1/2 po
BIBLIOTHÈQUE NATIONALE, PARIS

Cat. no. 291

105   *Narcissus* dated 1569
One of a suite of four small engravings after the principal masters of Fontainebleau.
Engraving, 5.5 x 3.8 cm.
BIBLIOTHÈQUE NATIONALE, PARIS

Cat. nº 293

106   *Le Nil* daté 1569
D'après un tableau du Primatice dans la Galerie d'Ulysse
Burin, 1-1/2 x 2-3/16 po
BIBLIOTHÈQUE NATIONALE, PARIS

Cat. no. 293

106   *The Nile* dated 1569
After Primaticcio's painting in the Galerie d'Ulysse.
Engraving, 3.9 x 5.5 cm.
BIBLIOTHÈQUE NATIONALE, PARIS

Cat. nᵒ 294

107 *La mort d'Adonis*
Burin, 1-9/16 x 2-3/16 po
BIBLIOTHÈQUE NATIONALE, PARIS

Cat. no. 294

107 *The Death of Adonis*
Engraving, 3.9 x 5.5 cm.
BIBLIOTHÈQUE NATIONALE, PARIS

Cat. nᵒ 292

108 *Le Parnasse*   daté 1569
D'après une variante de Nicolo d'une composition du
Primatice à la Salle de Bal
Burin, 1-1/2 x 2-1/8 po
BIBLIOTHÈQUE NATIONALE, PARIS

Cat. no. 292

108 *Parnassus* dated 1569
After a variation by Nicolo on Primaticcio's
composition in the Salle de Bal.
Engraving, 3.8 x 5.4 cm.
BIBLIOTHÈQUE NATIONALE, PARIS

Cat. nᵒ 597

109   *L'adoration du veau d'or*   milieu du XVIᵉ siècle
Soie brodée d'or et d'argent, 13-1/2 x 20-3/8 po
MUSÉE DE CLUNY, PARIS

Cat. no. 597

109   *Adoration of the Golden Calf*   mid sixteenth-century
Silk embroidered in gold and silver, 34.2 x 51.7 cm.
MUSÉE DE CLUNY, PARIS

Cat. nᵒ 290

110   *Moïse montrant au peuple le serpent d'airain*
Burin, 11-1/4 x 15-1/2 po
THE BRITISH MUSEUM

Cat. no. 290

110   *Moses Showing the Brazen Serpent*
Engraving, 28.6 x 39.3 cm.
THE BRITISH MUSEUM

MAÎTRE I.C. (actif vers 1550–1575)
d'après DELAUNE

MASTER I.C. (active c. 1550–75)
after DELAUNE

Cat. no 653
111 *Le mois de juin*
Reproduit fidèlement une gravure de Delaune
Cuivre émaillé, D. 7-7/8 po
MUSÉE DU LOUVRE

Cat. no. 653
111 *The Month of June*
Reproduces an engraving by Delaune faithfully.
Enamel on copper, 20 cm. in diameter

Cat. nº 282

112 *Portrait d'Henri II* roi de France 1547–1559
Les croissants répétés sont plus probablement une
référence à Diane de Poitiers (voir fig. 119), maîtresse
d'Henri II, qu'à la reine, sa femme, Catherine de
Médicis. Voir fig. 55, 65 et 66 pour d'autres œuvres
de Boyvin
Burin, 17-13/16 x 10 po

BIBLIOTHÈQUE NATIONALE, PARIS

Cat. no. 282

112 *Portrait of Henry II* King of France 1547–1559
The crescent moons repeated in this print more
probably refer to the king's mistress, Diane de
Poitiers (see figure 119) than to his queen,
Catherine de Medici. For other works by Boyvin
see figures 55, 65, 66.
Engraving, 45.2 x 25.7 cm.

BIBLIOTHÈQUE NATIONALE, PARIS

Cat. n° 581

113 *Écu d'Henri II*
Inspiration de sources aussi différentes que celles de
Burgkmayr, Pollaiuolo et Nicolo dell'Abate
Fer damasquiné d'or et d'argent, 24-3/8 x 17-5/16 po
MUSÉE DU LOUVRE

Cat. no. 581

113 *Shield of Henry II*
Based on such varied sources as the works of
Burgkmair, Pollaiuolo, and Nicolo dell'Abate.
Iron inlaid with gold and silver, 62 x 44 cm.
THE LOUVRE

Cat. nº 580

114 *Plaque de caparaçon d'Henri II*
On ne connaît pas de modèle pour la scène de la *Mort de Cléopâtre* de cette armure, mais on croit que Delaune a pu être l'intermédiaire entre la composition originale et l'exécution par l'armurier
Fer, 15-13/16 x 11-7/16 po
MUSÉE DE CLUNY, PARIS

Cat. no. 580

114 *Harness Plate of Henry II*
The source for the composition of the *Death of Cleopatra* on the relief is not known, but it is thought that Delaune could have been the intermediary between the original composition and the metal-worker.
Iron, 40.2 x 29.0 cm.
MUSÉE DE CLUNY, PARIS

Cat. n⁰ 583

115 *Rondache*
Scènes de l'histoire de César et Pompée rappelant le
style de Delaune. Cette armure a pu appartenir à
Henri II
Fer damasquiné d'or et d'argent, D. 23 po
S.M. ELIZABETH II, REINE D'ANGLETERRE,
WINDSOR CASTLE

Cat. no. 583

115 *Shield*
Scenes from the lives of Caesar and Pompey that
could have been designed by Delaune; the shield
may have belonged to Henry II.
Iron inlaid with gold and silver, 58.4 cm. in
diameter
HER MAJESTY QUEEN ELIZABETH II, WINDSOR CASTLE

135

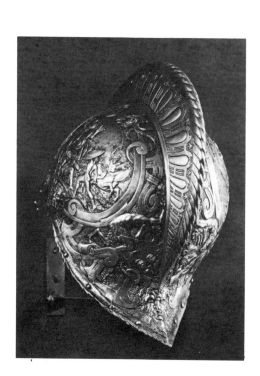

Cat. no 585

116 *Bourguignotte*
Éléments de dessins de Delaune dans les dernières
années du règne d'Henri II
Fer, traces de dorure, 9-7/16 x 13-3/4 x 7-1/2 po
MUSÉE DE L'ARMÉE, PARIS

Cat. no. 585

116 *Great Helm*
Elements of the designs of Delaune late in the reign
of Henry II.
Iron, traces of gilding, 24 x 35 x 19 cm.
MUSÉE DE L'ARMÉE, PARIS

Cat. no 586

117 *Épée*
Fer damasquiné d'or et d'argent; lame, 45-1/4 po,
garde, 5-7/8 po
MUSÉE DE L'ARMÉE, PARIS

Cat. no. 586

117 *Sword*
Iron inlaid with gold; blade, 1.15 m. long; guard,
15 cm. wide
MUSÉE DE L'ARMÉE, PARIS

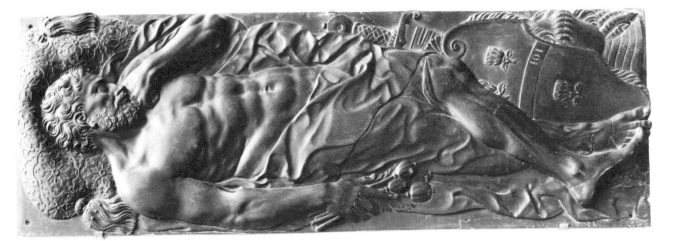

118 Cat. no 551

Blondel de Rocquencourt

Bas-relief pour le Tombeau d'André Blondel (mort en 1558 ou 1559), contrôleur général des Finances en 1554, protégé de Diane de Poitiers et chanté par Ronsard. L'écu armorié, l'épée, le heaume et les gantelets indiquent le rang d'André Blondel. Les pavots serrés dans sa main, symboles du sommeil, évoquent les allégories de ses amis, les poètes de la Pléiade. Ponce fut peut-être ramené en France par le Primatice en 1540; il retourna à Rome vers 1553–1556

Bas-relief, bronze, 23-5/8 x 68-1/8 po

MUSÉE DU LOUVRE

118 Cat. no. 551

Blondel de Rocquencourt

Intended for the tomb of André Blondel who died 1558–59; in 1554 he was Controller General of Finance, a gentleman Diane de Poitiers protected and the poet Ronsard praised. The sword, shield, helmet, and gloves symbolize his rank, while the dried poppies in his hand suggest sleep and the allegories of his friends, the poets of the Pléiade. Ponce may have been brought back to France by Primaticcio in 1540; he returned to Rome about 1553–56.

Bas-relief, bronze, 60 x 173 cm.

THE LOUVRE

Cat. n⁰ 606

Cat. no. 606

119 *Diane de Poitiers*   (1499–1566)
Maîtresse du roi Henri II (fig. 112) à partir de 1533.
À la mort de celui-ci, sa veuve, Catherine de Médicis,
força Diane à se retirer dans son château d'Anet (voir
fig. 141)
Médaille, argent, D. 2-1/16 po
MUSÉE DU LOUVRE

119 *Diane de Poitiers* (1499–1566)
Mistress of Henry II (figure 112) from about 1533
until his death, when his widow, Catherine de
Medici, forced her to retire to her château at Anet
(see figure 141).
Silver medal, 5.3 cm. in diameter
THE LOUVRE

Cat. nº 455

120   *L'Histoire de Diane pour Anet: Diane implore de Jupiter le
don de chasteté*   1549–1552
Commandée par Henri II pour décorer l'un des
appartements du château d'Anet
Laine et soie, 182-3/4 x 160-1/4 po
MUSÉE DÉPARTEMENTAL DES ANTIQUITÉS, ROUEN

Cat. no. 455

120   *The Legend of Diana for Anet: Diana Imploring
Jupiter for the Gift of Chastity*   1549–52
Ordered by Henry II to decorate one of the
apartments at Anet.
Wool and silk, 4.64 x 4.07 m.
MUSÉE DÉPARTEMENTAL DES ANTIQUITÉS, ROUEN

Cat. nᵒ 449

121   *Grotesques: Cybèle*
Les monogrammes et les symboles d'Henri II et de
Diane de Poitiers indiquent que cette tapisserie a été
commandée avant la mort d'Henri II en 1559
Laine et soie, 95-1/4 x 178 po
MOBILIER NATIONAL, PARIS

Cat. no. 449

121   *The Grotesques: Cybele*
The crescents of Diane de Poitiers make it clear
that this was commissioned before the death of
Henry II in 1559.
Wool and silk, 2.42 x 4.52 m.
MOBILIER NATIONAL, PARIS

140

Cat. nº 451

122 *Grotesques: Mort de Joab*
Scène de la mort de Joab, chef des armées de David;
les deux figures de Mars et les figures symboliques de
la guerre dans la décoration rappelent le souvenir de
Claude de La Châtre qui fut maréchal de France.
Tapisserie sans doute exécutée à sa mémoire entre 1566
et 1585
Laine et soie, 164-3/16 x 207-1/2 po
MOBILIER NATIONAL, PARIS

Cat. no. 451

122 *The Grotesques: The Death of Joab*
The scene of the assassination of the head of King
David's armies, the two figures of Mars, and the
symbols of war in the ornament refer to Claude de
La Châtre, who was to become Marshall of France;
it was probably executed for him between 1566
and 1585.
Wool and silk, 4.17 x 5.27 m.
MOBILIER NATIONAL, PARIS

Appendice, A
123 *La Paix*
Ce dessin aurait été exécuté en Italie avant le départ de
l'artiste pour la France en 1552
Pierre noire, rehauts blancs, papier préparé gris,
9-3/4 x 5-1/2 po
COLLECTION M. ET MME H.W. JANSON, NEW YORK

Cat. no. A (follows cat. no. 5)
123 *Peace*
Probably drawn in Italy before Nicolo left for
France in 1552.
Black chalk, modelled with point of brush and
white on grey prepared paper, 24.7 x 14 cm.
COLL. MR. AND MRS. H.W. JANSON, NEW YORK

Cat. nᵒ 6

124   Un des *Huit anges portant les instruments de la Passion*
vers 1553
Voir fig. 125

Cat. no. 6

124   One of *Eight Angels Bearing the Instruments of the
Passion*   c. 1553
See figure 125.

Cat. nº 6

125   *Huit anges portant les instruments de la Passion*   vers 1553
Huit dessins d'après lesquels Léonard Limosin exécuta
en 1553 les *Émaux de la Sainte-Chapelle*, maintenant
au Louvre
Plume, encre brune, lavis brun, rehauts blancs,
8-7/8 x 5-5/16 po environ chacun
ÉCOLE DES BEAUX-ARTS, PARIS

Cat. no. 6

125   *Eight Angels Bearing the Instruments of the Passion*
c. 1553
Eight drawings used by Léonard Limosin for the
two *Enamels of the Sainte-Chapelle* of 1553, now in
the Louvre.
Pen, brown ink and wash, heightened with white,
each roughly 22.5 x 13.5 cm.
ÉCOLE DES BEAUX-ARTS, PARIS

Cat. nº 12

126   *Cérès et les dieux*   vers 1552–1556
On ne connait pas la destination de ce projet où se sent
l'influence du Primatice
Plume, lavis brun, rehauts blancs, 9-1/8 x 15-3/8 po
MUSÉE PINCÉ, ANGERS

Cat. no. 12

126   *Demeter (Ceres) and the Gods*   c. 1552–56
Its purpose is unknown. Primaticcio's influence is
apparent.
Pen and brown wash, heightened with white,
23.1 x 39.0 cm.
MUSÉE PINCÉ, ANGERS

Cat. nº 13

127 *Zéphyr et Psyché* vers 1555
Destination incertaine
Plume, relevé de sanguine sur papier chamois,
13-3/4 x 7-3/16 po
THE ASHMOLEAN MUSEUM, OXFORD

Cat. no. 13

127 *Zephyr and Psyche* c. 1555
Its purpose is uncertain.
Pen and ink drawing, heightened with body colour,
35.0 x 18.3 cm.
THE ASHMOLEAN MUSEUM, OXFORD

Cat. nº 8

128 *Annonciation*   avant 1558
Sanguine, rehauts blancs, 6-7/8 x 12-3/16 po
MUSÉE DU LOUVRE

Cat. no. 8

128 *Annunciation*   before 1558
Red chalk, heightened with white, 17.5 x 31.0 cm.
THE LOUVRE

Cat. nº 10

129 *La calomnie d'Apelle*   1552–1556
Plume, encre brune, lavis brun, rehauts blancs,
6-1/4 x 14 po
MUSÉE DU LOUVRE

Cat. no. 10

129 *The Calumny of Apelles*   1552–56
Pen, brown ink and wash, heightened with white,
15.8 x 35.5 cm.
THE LOUVRE

Cat. nº 17
130 *Femme debout, tenant une corne d'abondance*   vers 1560
Pierre noire, rehauts blancs, 12-5/8 x 7-3/16 po
MUSÉE DU LOUVRE

Cat. no. 17
130 *Woman Standing Holding a Cornucopia*   c. 1560
Black chalk, heightened with white, 32.0 x 18.2 cm.
THE LOUVRE

Cat. no 3
131 *Moïse sauvé des eaux*
Toile, 32-5/16 x 32-11/16 po
MUSÉE DU LOUVRE

Cat. no. 3
131 *The Finding of Moses*
Oil on canvas, 82 x 83 cm.
THE LOUVRE

Cat. no 5

Cat. no. 5

132 *L'enlèvement de Proserpine*   vers 1560
Toile, 77-3/16 x 84-5/8 po
MUSÉE DU LOUVRE

132 *The Rape of Persephone*   c. 1560
Oil on canvas, 1.96 x 2.15 m.
THE LOUVRE

Cat. nᵒ 2

133   *Vénus et l'Amour*
       S'inspire d'un motif du Primatice pour la Galerie
       d'Ulysse et s'apparente à son tableau *Ulysse et Pénélope*
       de Toledo (fig. 30)
       Toile, 39-3/8 x 36-5/8 po
       THE DETROIT INSTITUTE OF ARTS

Cat. no. 2

133   *Venus and Cupid*
       Inspired by Primaticcio's fresco in the Galerie
       d'Ulysse and close to his painting of *Ulysses and
       Penelope* in Toledo (figure 30).
       Oil on canvas, 1 m. x 93 cm.
       THE DETROIT INSTITUTE OF ARTS

Cat. nº 19

134   *Femme demi-nue allongée vers la droite*   1567–1571
Étude de femme peut-être pour l'Hôtel du Faur à Paris
Pierre noire, rehauts blancs, 5-11/16 x 9-7/8 po
MUSÉE DU LOUVRE

Cat. no. 19

134   *Half-Draped Reclining Woman Facing Right*
1567–71
Perhaps a study for the Hôtel du Faur in Paris.
Black chalk, heightened with white, 14.5 x 25.1 cm.
THE LOUVRE

Cat. no 4

135   *Le sanglier auteur de la mort d'Adonis amené devant Vénus*
Toile, 26-3/4 x 39-3/8 po
COLLECTION PRIVÉE

Cat. no. 4

135   *The Boar,* Author of Death of Adonis, Brought before
Venus
Oil on canvas, 68 cm. x 1 m.
PRIVATE COLLECTION

Cat. no 21

136 *Paysage aux batteurs de blé*
Toile, 33-7/16 x 44-1/8 po
MUSÉE NATIONAL DU CHÂTEAU, FONTAINEBLEAU

Cat. no. 21

136 *Landscape with Threshers*
Oil on canvas, 85 cm. x 1.12 m.
CHÂTEAU OF FONTAINEBLEAU

Cat. no 23
137   *Rencontre de Charles Quint et du Bey de Tunis* (?)
Thème et artiste incertains
Toile, 69 x 83 po
THE COURTAULD INSTITUTE OF ART, LONDRES

Cat. no. 23
137   *Meeting of Charles V and the Bey of Tunis* (?)
The subject and artist are uncertain.
Oil on canvas, 175.3 x 210.8 cm.
THE COURTAULD INSTITUTE OF ART, LONDON

JACQUES ANDROUET DU CERCEAU
(1510–vers 1584) d'après NICOLO DELL'ABATE

JACQUES ANDROUET DU CERCEAU (1510–
c. 1584) after NICOLO DELL'ABATE

138

139

Cat. no 16
138 *Seigneur assis, tenant un faucon sur le poing gauche*
vers 1570
Plume, encre brune, lavis brun, rehauts blancs,
8 x 5-13/16 po
MUSÉE DU LOUVRE

Cat. no. 16
138 *Seated Nobleman Holding a Falcon on his Left Hand*
c. 1570
Pen, brown ink and wash, heightened with white,
20.3 x 14.8 cm.
THE LOUVRE

Cat. no 297
139 *Un jeune homme assis sur un pliant*
Faisait partie d'une suite représentant des costumes
d'après Nicolo
Eau-forte, 9-5/16 x 5-5/8 po
BIBLIOTHÈQUE NATIONALE, PARIS

Cat. no. 297
139 *Young Man Seated on a Folding Chair*
One of a group of studies of costume after Nicolo.
Etching, 23.7 x 14.3 cm.
BIBLIOTHÈQUE NATIONALE, PARIS

157

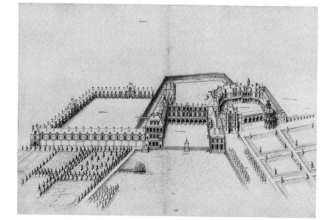

<table>
<tr><td>

Cat. nᵒ 109

140   *Le château de Fontainebleau*   vers 1560–1570
Dessin préparatoire pour les planches gravées des *Plus
excellents bastiments de France* (1576–1579). En bas,
à gauche, aile de la Galerie d'Ulysse décorée par le
Primatice (voir fig. 25, 29, 30, 96–101, 106, 133, 152b),
au centre, la Galerie François Iᵉʳ (voir fig. 6, 19, 38,
53, 55, 61, 63–66 et 71–73) et, à droite, devant la
cour, la Salle de Bal (voir fig. 26, 27 et 108)
Plume, lavé de bistre, 20–1/16 x 29-5/16 po
THE BRITISH MUSEUM

</td><td>

Cat. no. 109

140   *The Château of Fontainebleau*   c. 1560–70
Preparatory drawing for Du Cerceau's publication
of *Les plus excellents bastiments de France* of 1576–79.
On the lower left is the wing with the one-hundred-
and-fifty-metre-long Galerie d'Ulysse Primaticcio
decorated (see figures 25, 29, 30, 96–100, 106, 133,
152b), in the centre the Galerie François Iᵉʳ (see
figures 6, 19, 38, 53, 55, 61, 63–66, 71–73), and at
the front of the court at the right the Salle de Bal
(see figures 26, 27, 108).
Pen, washed with bistre, 51 x 74.5 cm.
THE BRITISH MUSEUM

</td></tr>
</table>

<table>
<tr><td>

Cat. nᵒ 113

141   *La fontaine de Diane d'Anet et l'entrée principale du
château*
Anet, château qu'Henri II fit construire pour Diane de
Poitiers (fig. 119), où elle se retira à la mort du roi,
en 1559, jusqu'à la fin de sa vie (1566). Dans le dessin,
Du Cerceau donne de l'importance à la fontaine de
Diane, maintenant attribuée à Germain Pilon, et au
portail surmonté de la *Nymphe de Fontainebleau* de
Cellini (fig. 55)
Plume, lavé de bistre, vert-jaune, 20-1/16 x 29-5/16 po
THE BRITISH MUSEUM

</td><td>

Cat. no. 113

141   *The Fountain of Diana and the Principal Gate at the
Château of Anet*
At Anet, which Henry II built for Diane de Poitiers
(figure 119) and where she retired from his death in
1559 to hers in 1566, Du Cerceau concentrated in
this drawing, which was not published, on the
Fountain of Diana, now believed by some to be by
Germain Pilon, and on the gate with Cellini's
Nymph of Fontainebleau (figure 55) above one of the
entrances.
Pen washed with bistre and yellow-green,
51.2 x 75.0 cm.
THE BRITISH MUSEUM

</td></tr>
</table>

Cat. nº 114

142 *Arc de triomphe*
Plume, encre noire, lavis gris sur vélin,
16-1/2 x 25-9/16 po
COLLECTION PRIVÉE, LONDRES

Cat. no. 114

142 *Triumphal Arch*
Pen, black ink, grey wash on vellum, 42 x 65 cm.
PRIVATE COLLECTION, LONDON

Cat. nº 115

143 *Façade de palais*
Plume, encre noire, lavis gris sur vélin,
16-1/2 x 25-9/16 po
COLLECTION PRIVÉE, LONDRES

Cat. no. 115

143 *Design for the Façade of a Palace*
Pen, black ink, grey wash on vellum, 42 x 65 cm.
PRIVATE COLLECTION, LONDON

MARTIN DIDIER PAPE (seconde moitié du xvie siècle) d'après DU CERCEAU

MARTIN DIDIER PAPE (second half of sixteenth century) after DU CERCEAU

Cat. nº 656

144 *Rivalité de centaures marins*
Figures tirées de deux «fonds de coupe» gravés par Du Cerceau
Cuivre émaillé, 6-5/16 x 11-13/16 po
MUSÉE DU LOUVRE

Cat. no. 656

144 *Rivalry of the Marine Centaurs*
Based on two engravings for cups by Du Cerceau.
Enamel on copper, 16 x 30 cm.
THE LOUVRE

Cat. nº 638
145   *Entrée du Christ à Jérusalem*   1557
Cuivre émaillé, 13-3/8 x 10-1/4 po
MUSÉE DE CLUNY, PARIS

Cat. no. 638
145   *Entry of Christ into Jerusalem*   1557
Enamel on copper, 34 x 26 cm.
MUSÉE DE CLUNY, PARIS

Cat. nº 639
146   *Descente aux limbes*   1557
Cuivre émaillé, 13-3/8 x 10-1/4 po
MUSÉE DE CLUNY, PARIS

Cat. no. 639
146   *Descent into Limbo*   1557
Enamel on copper, 34 x 26 cm.
MUSÉE DE CLUNY, PARIS

Cat. nº 640

147 *Portrait de dame*
Cuivre émaillé, 12 x 9-3/8 po
THE METROPOLITAN MUSEUM OF ART

Cat. no. 640

147 *Portrait of a Lady*
Enamel on copper, 30.5 x 23.8 cm.
THE METROPOLITAN MUSEUM OF ART

Cat. n° 244
148   *Dame à sa toilette*
      Ses gestes indiquent une maîtresse royale
      Toile, 39-9/16 x 29-15/16 po
      MUSÉE DES BEAUX-ARTS, DIJON

Cat. no. 244
148   *Woman at her Dressing Table*
      Her gestures suggest that she is a royal mistress.
      Oil on canvas, 1.05 m. x 76 cm.
      MUSÉE DES BEAUX-ARTS, DIJON

Appendice, E

149   *François II*   roi de France 1559–1560
Dessin exécuté avant le mariage, à quatorze ans, du futur François II, fils d'Henri II et de Catherine de Médicis, à Marie Stuart. Roi à 16 ans, François II mourut l'année suivante. Devenu peintre et valet de chambre du roi en 1541, Clouet fut le portraitiste favori de la famille royale. Il demeura en marge du cercle de Fontainebleau
Pierre noire, sanguine, 12-1/8 x 8-5/8 po
HARVARD COLLEGE LIBRARY

Cat. no. E (follows cat. no. 51)

149   *Francis II*   King of France 1559–1560
Drawn before the future Francis II, son of Henry II and Catherine de Medici, married Mary Stuart at the age of fourteen; he became king at sixteen and died the next year. The artist was the favourite portraitist of the royal house from 1541, when he became Painter and *Valet de chambre* to the King, but he was outside the Fontainebleau circle.
Black and red chalk, 38 x 26 cm.
HARVARD COLLEGE LIBRARY

Cat. nº 601

150 *Buste de Marie Stuart* reine de France 1559–1560
Portrait sans doute rétrospectif de la reine, après son
retour en Écosse en 1561, à l'âge de 19 ans
Bronze, H. 11 po
MUSÉE DU LOUVRE

Cat. no. 601

150 *Bust of Mary Queen of Scots* Queen of France
1559–1560
It is thought the bust may have been made from
memory after the widowed Queen had left France
for her native Scotland in 1561 at the age of
nineteen.
Bronze, 28 cm. high.
THE LOUVRE

Cat. n⁰ 67
151 *Pan et Syrinx*
Plume, encre brun-blond, lavis mauve, traces de
pierre noire, 7-5/8 x 7-11/16 po
MUSÉE DU LOUVRE

Cat. no. 67
151 *Pan and Syrinx*
Pen, light brown ink, mauve wash, traces of black
chalk, 19.4 x 19.5 cm.
THE LOUVRE

166

152a

152b

Cat. no 70

152   *La naissance d'Adonis*
Au verso (b), étude d'après une des compositions du
Primatice de la Galerie d'Ulysse, *Ulysse et Pénélope*
(voir fig. 30 et 133)
Plume, lavis, 14-9/16 x 19-13/16 po
THE ART MUSEUM, PRINCETON UNIVERSITY

Cat. no. 70

152   *The Birth of Adonis*
On the *verso* (b) is a study after Primaticcio's
composition of *Ulysses and Penelope* in the Galerie
d'Ulysse. See figures 30 and 133.
Pen and wash, 37 x 50.3 cm.
THE ART MUSEUM, PRINCETON UNIVERSITY

Cat. no 69
153   *L'adoration des bergers*
Plume, encre, lavis brun, rehauts blancs, préparation
pierre noire, 9-15/16 x 15-5/16 po
THE METROPOLITAN MUSEUM OF ART

Cat. no. 69
153   *The Adoration of the Shepherds*
Pen and ink, brown wash, heightened with white
over black chalk, 25.2 x 38.9 cm.
THE METROPOLITAN MUSEUM OF ART

Appendice, F   Cat. no. F (follows cat. no. 69)
154 *Projet de vitrail: l'histoire d'Aaron*   154 *Design for a Window with the Story of Aaron*
     Plume, lavis gris, 14-15/16 x 10-1/4 po   Pen, ink, and grey wash, 38 x 26 cm.
     THE ART INSTITUTE OF CHICAGO   THE ART INSTITUTE OF CHICAGO   169

Cat. nº 512

155　*Génie funéraire*　vers 1565
Une des deux figures du monument funéraire de
Philippe Chabot, comte de Charny, marquis de
Buzançais, amiral de France, mort en 1543, que son
fils fit élever en 1565
Marbre, H. 40-1/8 po
MUSÉE DU LOUVRE

Cat. no. 512

155　*Funerary Genius*　c. 1565
One of two such figures for the tomb of Philippe
Chabot, comte de Charny, marquis de Buzançais,
Admiral of France, commissioned by his son in
1565 for his father who had died in 1543.
Marble, 1.02 m. high
THE LOUVRE

156

157

Cat. n⁰ 547

156 *La Charité*
D'après une composition d'Andrea del Sarto
Haut-relief, marbre blanc sur fond de marbre noir,
22–7/16 x 11-5/8 po
MUSÉE DU LOUVRE

Cat. no. 547

156 *Charity*
Based on a composition of Andrea del Sarto.
High-relief, white marble on black marble ground,
57 x 29.5 cm.
THE LOUVRE

Cat. n⁰ 539

157 *Vierge à l'Enfant*
Pierre, 59-1/16 x 27-9/16 po
PACY-SUR-EURE, FRANCE

Cat. no. 539

157 *Virgin and Child*
Stone, 1.5 m. x 70 cm.
PACY-SUR-EURE, FRANCE

Cat. nº 279

158 *Un tabernacle* 1579
Preuve de la durée de l'influence du Rosso, même en
dehors de France, dans son pays natal, l'Italie,
qu'Alberti ne semble pas avoir quitté
Burin, 29-1/2 x 18-11/16 po
BIBLIOTHÈQUE NATIONALE, PARIS

Cat. no. 279

158 *A Tabernacle* 1579
Evidence of the duration of Rosso's influence –
even outside France in his native Italy because
Alberti is not known to have worked in France.
Engraving, 75.0 x 47.5 cm.
BIBLIOTHÈQUE NATIONALE, PARIS

Attribué à PILON   Attributed to PILON

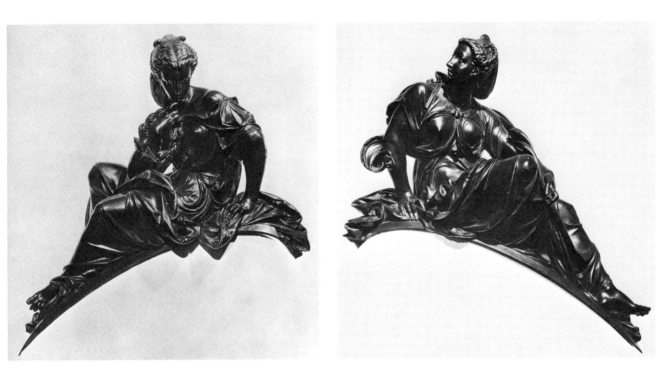

Cat. nos 541, 542   Cat. nos. 541, 542
159 *Deux allégories*   159 *Allegories*
160 Deux figures funéraires, l'une avec une couronne   160 Two funerary figures – no. 542 (with wreath),
     (no 542), l'autre avec une palme (no 541), qui   no. 541 (with palm) – influenced by Primaticcio
     rappellent le Primatice et s'apparentent aux Vertus de   and close to the Virtues on Pilon's *Tomb of Henry II*.
     Pilon du Tombeau d'Henri II   Wood, painted black, each, 59.7 x 62 x 20.3 cm.
     Bois peint en noir, 23-1/2 x 24-7/16 x 8 po chacune   THE CLEVELAND MUSEUM OF ART
     THE CLEVELAND MUSEUM OF ART   173

Cat. nos 549, 550
161 *Figures de femmes destinées à supporter la Châsse de*
162 *sainte Geneviève*
     Deux des quatre figures supportant la châsse
     médiévale de sainte Geneviève et dont le style rappelle
     celui de Pilon
     Bois, H. 74-13/16 po chacun
     MUSÉE DU LOUVRE

Cat. nos. 549, 550
161 *Figures of Women to Bear the Shrine of St. Geneviève*
162 Two of four figures that supported the mediaeval
     reliquary of St. Geneviève; their style recalls
     Pilon's.
     Wood, each 1.90 m. high
     THE LOUVRE

Cat. nº 235

163   *La Charité*   vers 1565
Bois transposé sur toile, 59-1/16 x 39-3/8 po
MUSÉE DU LOUVRE

Cat. no. 235

163   *Charity*   c. 1565
Oil on wood, transferred to canvas, 1.50 x 1 m.
THE LOUVRE

Appendice, I
164   *L'asservissement de l'Amour*
Toile, 36 x 47-3/4 po
CALIFORNIA PALACE OF THE LEGION OF HONOR,
SAN FRANCISCO

Cat. no. I (follows cat. no. 235)
164   *The Domestication of Cupid*
Oil on canvas, 0.914 x 1.213 m.
CALIFORNIA PALACE OF THE LEGION OF HONOR,
SAN FRANCISCO

Cat. nº 132

165 *Procris et Céphale*
Procris tuée par le javelot de son mari
Plume, lavis, rehauts blancs, traces de pierre noire de la mise aux carreaux, 8-7/16 x 11-13/16 po
COLLECTION M. ET MME GERMAIN SELIGMAN, NEW YORK

Cat. no. 132

165 *Procris and Cephalus*
Procris fatally wounded by her husband's javelin.
Pen and wash, heightened with white, traces of black chalk squaring, 21.5 x 30 cm.
COLL. MR. AND MRS. GERMAIN SELIGMAN, NEW YORK

Cat. no 609

166 *Médaille de Charles IX*   revers daté 1564
Charles IX succéda en 1560, à l'âge de dix ans, à son
frère François II. En 1563, le jeune roi prit
officiellement le pouvoir, après la régence de sa mère
Catherine de Médicis. Les allégories de la Piété et de
la Justice, au revers, se rattachent à la tradition
de Delaune
Bronze, D. 1-5/8 po
BIBLIOTHÈQUE NATIONALE, PARIS

Cat. no. 609

166 *Medal of Charles IX* reverse dated 1564
Charles succeeded to the throne at the death of his
brother Francis II in 1560 when he was ten. The year
before this medal was dated he ceremonially took
over the regency from his mother, Catherine de
Medici. The crowning by Piety and Justice on the
reverse might have been conceived by Delaune.
Bronze, 4 cm. in diameter
BIBLIOTHÈQUE NATIONALE, PARIS

Cat. no 610

167 *Médaille de Charles IX*   revers daté 1568
Le char triomphal du revers rappelle un motif que
Delaune avait employé pour les médailles du roi
Henri II
Bronze, D. 1-13/16 po
BIBLIOTHÈQUE NATIONALE, PARIS

Cat. no. 610

167 *Medal of Charles IX* reverse dated 1568
The triumphal chariot on the reverse was a
motif Delaune had designed for the medals of the
King's father Henry II.
Bronze, 4.6 cm. in diameter
BIBLIOTHÈQUE NATIONALE, PARIS

Cat. n⁰ 540
168 *Le roi Charles IX à cheval* roi de France, 1560–1574
Marbre, D. 13 po
MUSÉE DU LOUVRE

Cat. no. 540
168 *Charles IX on Horseback* King of France 1560–1574
Marble, 33 cm. in diameter
THE LOUVRE

Cat. nº 602

169   *Modèle réduit de canon*   1561–1574
Quatre petits canons étaient inscrits dans l'inventaire
après le décès de Catherine de Médicis. Celui-ci porte
les armes de France et la devise de Charles IX
Bronze, 17-3/8 po
MUSÉE DU LOUVRE

Cat. no. 602

169   *Miniature Cannon*   1561–74
Four such miniature cannons were inventoried in
the estate of Catherine de Medici after her death.
This carries the arms of France and the device of
Charles IX.
Bronze, 44.2 cm.
THE LOUVRE

Cat. nº 279

158   *Un tabernacle*   1579
Preuve de la durée de l'influence du Rosso, même en
dehors de France, dans son pays natal, l'Italie,
qu'Alberti ne semble pas avoir quitté
Burin, 29-1/2 x 18-11/16 po
BIBLIOTHÈQUE NATIONALE, PARIS

Cat. no. 279

158   *A Tabernacle*   1579
Evidence of the duration of Rosso's influence –
even outside France in his native Italy because
Alberti is not known to have worked in France.
Engraving, 75.0 x 47.5 cm.
BIBLIOTHÈQUE NATIONALE, PARIS

156

157

Cat. nᵒ 547
156 *La Charité*
D'après une composition d'Andrea del Sarto
Haut-relief, marbre blanc sur fond de marbre noir,
22–7/16 x 11-5/8 po
MUSÉE DU LOUVRE

Cat. no. 547
156 *Charity*
Based on a composition of Andrea del Sarto.
High-relief, white marble on black marble ground,
57 x 29.5 cm.
THE LOUVRE

Cat. nᵒ 539
157 *Vierge à l'Enfant*
Pierre, 59-1/16 x 27-9/16 po
PACY-SUR-EURE, FRANCE

Cat. no. 539
157 *Virgin and Child*
Stone, 1.5 m. x 70 cm.
PACY-SUR-EURE, FRANCE

171

Cat. nº 43

172 *Fête sur l'eau à Fontainebleau*
     Du temps du règne de Charles IX (1563–1574)
     Pierre noire, plume, lavis, rehauts de couleur opaque,
     12-7/16 x 18-1/4 po
     THE NATIONAL GALLERY OF SCOTLAND, ÉDIMBOURG

Cat. no. 43

172 *Water Festival at Fontainebleau*
     From the reign of Charles IX (1563–1574).
     Pen and wash over black chalk, heightened with
     body colour, 31.6 x 46.4 cm.
     THE NATIONAL GALLERY OF SCOTLAND   183

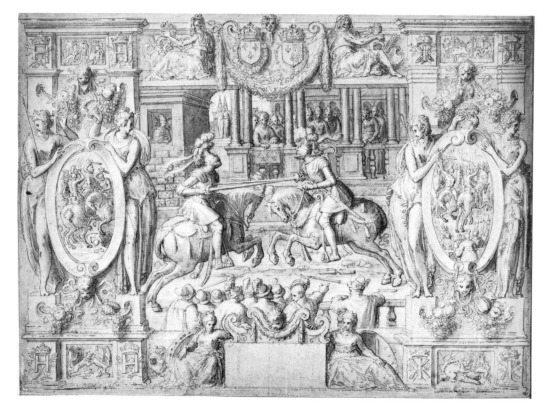

Cat. nº 42

173   *La chasse au cerf*
      Sanguine, crayon, rehauts blancs, 15-3/16 x 22-1/4 po
      BIBLIOTHÈQUE NATIONALE, PARIS

Cat. no. 42

173   *The Stag at Bay*
      Red chalk, pencil, heightened with white,
      38.5 x 56.5 cm.
      BIBLIOTHÈQUE NATIONALE, PARIS

Cat. nº 45

174   *Tournoi donné à l'occasion du mariage de Catherine de
      Médicis et d'Henri II en 1533*   1562–1572
      Plume, encre brune, lavis brun, rehauts blancs, traces
      de pierre noire, 16 x 21-7/8 po
      MUSÉE DU LOUVRE

Cat. no. 45

174   *Tournament Given on the Occasion of the Marriage of
      Catherine de Medici and Henry II in 1533*   1562–72
      Pen, brown ink and wash, heightened with white,
      traces of black chalk, 40.7 x 55.5 cm.
      THE LOUVRE

Attribué à CARON

Attributed to CARON

<table>
Appendice, C

175   *La soumission de Milan*
     Pierre noire, plume, lavis, 16-1/16 x 21-13/16 po
     MUSÉE DU LOUVRE

Appendice, B

176   *La soumission de Milan*
     Bois, 19-7/8 x 26-3/8 po
     GALERIE NATIONALE DU CANADA, OTTAWA
</table>

Cat. no. C (follows cat. no. 45)

175   *The Surrender of Milan*
     Pen and wash, black chalk, 40.9 x 55.5 cm.
     THE LOUVRE

Cat. no. B (follows cat. no. 34)

176   *The Surrender of Milan*
     Oil on panel, 50.5 x 66.8 cm.
     THE NATIONAL GALLERY OF CANADA, OTTAWA

Cat. nº 34

177   *La Sibylle de Tibur*   1575–1580
Devant un décor architectural fantastique, la Sibylle
de Tibur désigne à l'empereur Auguste la vision d'une
Vierge à l'Enfant
Toile, 49-3/16 x 66-15/16 po
MUSÉE DU LOUVRE

Cat. no. 34

177   *The Tiburtine Sybil*   1575–80
Against an architectural background that is a
combination of fact and fantasy the Tiburtine Sybil
shows the kneeling figure of Augustus the vision
of the Virgin and Child.
Oil on canvas, 1.25 x 1.70 m.
THE LOUVRE

Cat. no 49
178 *Les funérailles de l'Amour*
     Vénus, dans le ciel, regarde le cortège funèbre de
     l'Amour, son fils mortel. À gauche, un groupe de
     poètes antiques; à droite, douze figures représentant
     les poètes de la Pléiade
     Toile, 64-9/16 x 82-1/2 po
     MUSÉE DU LOUVRE

Cat. no. 49
178 *The Funeral of Cupid*
     Venus from a chariot in the sky watches the funeral
     procession of her mortal son Cupid. At the left
     there are three poets from antiquity and at the right
     twelve figures representing the poets of the
     contemporary Pléiade.
     Oil on canvas, 1.64 x 2.09 m.
     THE LOUVRE

Cat. no 467

179 *L'Histoire d'Arthémise: le char des licornes*
Légende de la reine Arthémise, veuve du roi Mausole,
conçue pour glorifier la régence de Catherine de
Médicis, après la mort d'Henri II, et tissée plus tard
avec les monogrammes d'Henri IV et de Marie de
Médicis
Laine et soie, 194-7/8 x 252 po
MOBILIER NATIONAL, PARIS

Cat. no. 467

179 *The Legend of Artemisia: The Unicorn Chariot*
As first conceived, the legend of Artemisia, widow
of King Mausolus, was intended to console
Catherine de Medici after the death of Henry II and
to glorify her reign as regent; but it was later woven
with the monograms of Henry IV and Marie de
Medici.
Wool and silk, 4.95 x 6.40 m.
MOBILIER NATIONAL, PARIS

Cat. no 469
180 *L'Histoire d'Arthémise: le Colosse de Rhodes*
La reine Arthémise accueillie par les habitants de
Rhodes qui prirent pour leurs les navires garnis de
laurier. Une des Sept merveilles du monde, le Colosse,
enjambe le port. Arthémise a fait réaliser une autre
de ces merveilles pour le tombeau de son époux,
à Halicarnasse
Laine, soie et fil d'or, 187-3/8 x 254-3/8 po
MOBILIER NATIONAL, PARIS

Cat. no. 469
180 *The Legend of Artemisia: The Colossus of Rhodes*
Queen Artemisia is welcomed at Rhodes when its
citizens think her laurel-decked ships are their own.
One of the Seven Wonders of the World, the
Colossus, bestrides the harbour. Artemisia had built
another wonder in the tomb for her husband,
Mausolus, at Halicarnassus.
Wool, silk, and gold thread, 4.76 x 6.46 m.
MOBILIER NATIONAL, PARIS

Cat. nº 589

181 *Armet* 1570–1580

Œuvre tardive où se sent encore l'influence de Delaune

Fer, parties dorées, 12-5/8 x 14-15/16 po

MUSÉE DU LOUVRE

Cat. no. 589

181 *Helmet* 1570–80

Even in this late work the influence of Delaune is seen.

Iron, parcel-gilt, 32 x 38 cm.

THE LOUVRE

18

Cat. no 595

182 *Mars et Vénus dévêtus par des Amours*, d'après le Rosso
183 *Mars et Vénus surpris par les Dieux*, d'après une gravure
     de 1585 de Goltzius
     La rencontre, dans ces décorations pour un meuble,
     des thèmes du Rosso et du maniérisme hollandais se
     fait vers la fin de l'École de Fontainebleau
     Bois de noyer, 22-7/16 x 17-3/4 po chacun
     MUSÉE DE CLUNY, PARIS

Cat. no. 595

182 *Mars and Venus Undressed by Cupids* after Rosso
183 *Mars and Venus Surprised by the Gods* after a print
     engraved by Goltzius in 1585
     This fusion of Rosso with Netherlandish
     Mannerism comes toward the end of the School of
     Fontainebleau in these pieces of furniture
     decoration.
     Walnut, each 57 x 45 cm.
     MUSÉE DE CLUNY, PARIS

183

Cat. nº 355

184   *Portrait d'Henri IV*   daté 1605
L'accession d'Henri IV mit un terme au règne (depuis 1328) de la maison de Valois
Burin, 10-1/2 x 7-5/8 po
BIBLIOTHÈQUE NATIONALE, PARIS

Cat. no. 355

184   *Portrait of Henry IV* dated 1605
In coming to the throne Henry IV brought to an end the rule by France of the House of Valois since 1328.
Engraving, 26.6 x 19.4 cm.
BIBLIOTHÈQUE NATIONALE, PARIS

Cat. nº 611

185 *Henri IV*   roi de France 1589–1610
Bronze, 4-1/4 x 3-9/16 po

Cat. no. 611

185 *Henry IV*   King of France 1589–1610
Bronze medal, 10.8 x 9 cm.

Cat. no 106   Cat. no. 106

186   Sujet inconnu   vers 1600?   186   Unknown subject c. 1600?
Pierre noire, plume, lavis gris brunâtre, rehauts blancs,   Black chalk, pen, brownish-grey wash, heightened
9-13/16 x 15-1/16 po   with white, 25.0 x 38.3 cm.

RIJKSMUSEUM, AMSTERDAM   THE RIJKSMUSEUM, AMSTERDAM

Cat. nº 107

187 *Scène dans un intérieur*
Le sujet est inconnu
Plume, encre brune, lavis brun, rehauts de blanc,
9-9/16 x 9-1/2 po
MUSÉE DU LOUVRE

Cat. no. 107

187 *Scene in an Interior*
The subject is not known.
Pen, brown ink and wash, heightened with white,
24.3 x 24.2 cm.
THE LOUVRE

Cat. nº 94
188 *Cybèle éveillant Morphée*   vers 1600
        Toile, 38-3/16 x 46-1/16 po
198 MUSÉE NATIONAL DU CHÂTEAU, FONTAINEBLEAU

Cat. no. 94
188 *Cybele Awakening Morpheus*
        Oil on canvas, 97 cm. x 1.17 m.
        CHÂTEAU OF FONTAINEBLEAU

Cat. nº 96
189 *Sacrifice antique*
Toile, 69-5/16 x 55-1/8 po
MUSÉE DU LOUVRE

Cat. no. 96
189 *An Ancient Sacrifice*
Oil on canvas, 1.76 x 1.40 m.
THE LOUVRE

Cat. no 108
190 *Diane implorant Jupiter*
Étude pour un carton de tapisserie de l'*Histoire de Diane*. La jeune Diane demande à son père de garder sa virginité
Plume, encre brune, lavis brun, rehauts de blanc, esquisse pierre noire, 12-7/8 x 20-13/16 po
MUSÉE DU LOUVRE

Cat. no. 108
190 *Diana Beseeching Jupiter*
Study for a cartoon for the tapestries of the *Legend of Diana*. Diana is begging her father to preserve her chastity.
Pen, brown ink and wash, heightened with white over black chalk, 32.7 x 52.8 cm.
THE LOUVRE

Cat. nº 466

191   *L'Histoire de Diane: les paysans changés en grenouilles*
Laine, soie et fil d'or, 158-1/4 x 163 po
MOBILIER NATIONAL, PARIS

Cat. no. 466

191   *The Legend of Diana: Peasants being Transformed into Frogs*
Wool, silk, and gold thread, 4.02 x 4.14 m.
MOBILIER NATIONAL, PARIS

192 *L'Histoire de Diane: Diane et la nymphe Britomartis*   192 *The Legend of Diana: Diana and the Nymph*
     après 1597   *Britomartis*   after 1597
     La nymphe Britomartis, qui a plongé dans la mer, sera   The nymph Britomartis, who has lept into the sea,
     changée en déesse par Diane   will be changed by Diana into a goddess.
     Laine, soie et fil d'or, 159-1/2 x 143-3/4 po   Wool, silk, and gold thread, 4.05 x 3.65 m.

MOBILIER NATIONAL, PARIS   MOBILIER NATIONAL, PARIS

Cat. n° 127

193   *Les porteurs de trophées*
Dessin pour les tapisseries de l'*Histoire d'Arthémise*
(voir fig. 179 et 180) que Lerambert était chargé
d'amplifier. Lerambert travailla également aux séries
de *Diane* (fig. 191 et 192) et de *Coriolan* (fig. 194 et 195)
Pierre noire, lavis brun, rehauts blancs, traces à la
pierre noire de mise aux carreaux,
14-15/16 x 7-11/16 po
BIBLIOTHÈQUE NATIONALE, PARIS

Cat. no. 127

193   *Trophy-Bearers*
A drawing for the tapestries of the *Legend of
Artemisia* (see figures 179, 180) which Lerambert
was commissioned to enlarge. He also worked on
designs for the tapestries of *Diana* (figures 191, 192)
and *Coriolanus* (figures 194, 195).
Black chalk, brown wash, heightened with white,
traces of black chalk squaring.
38 x 19.5 cm.
BIBLIOTHÈQUE NATIONALE, PARIS

Cat. nᵒ 482

194   *L'Histoire de Coriolan: préparatifs pour le combat*
      avant 1606
      Laine, soie et fil d'or, 185-1/16 x 155-1/2 po
      MOBILIER NATIONAL, PARIS

Cat. no. 482

194   *The History of Coriolanus: Preparations for Combat*
      before 1606
      Wool, silk, and gold thread, 4.70 x 3.95 m.
      MOBILIER NATIONAL, PARIS

Cat. nº 484

195   *L'Histoire de Coriolan: Coriolan jure une haine éternelle à
Rome*   avant 1606
Laine, soie et fil d'or, 182-5/16 x 210-1/4 po
MOBILIER NATIONAL, PARIS

Cat. no. 484

195   *The History of Coriolanus: Coriolanus Swears Eternal
Hatred for Rome*   before 1606
Wool, silk, and gold thread, 4.63 x 5.34 m.
MOBILIER NATIONAL, PARIS

Cat. no 249

196   *Scène de la Commedia dell'Arte*   vers 1600
      Groupe d'acteurs
      Toile, 46-9/16 x 58-1/8 po
      THE JOHN AND MABLE RINGLING MUSEUM OF ART,
      SARASOTA

Cat. no. 249

196   *Scene from the Commedia Dell'Arte*   c. 1600
      A group of actors.
      Oil on canvas, 1.183 x 1.476 m.
      THE JOHN AND MABLE RINGLING MUSEUM OF ART,
      SARASOTA

Suite de PALISSY, d'après GALLE,
d'après MARTIN DE VOS

Circle of PALISSY after GALLE
after MARTIN DE VOS

Cat. nº 626
197 *Bassin du Printemps*
Reproduit une allégorie du Printemps gravée par
Philippe Galle d'après Martin de Vos
Terre vernissée, 13-3/8 x 9-7/8 po
MUSÉE DU LOUVRE

Cat. no. 626
197 *Bowl: Spring*
Reproduces an allegory of Spring engraved by
Philippe Galle after Martin de Vos.
Glazed pottery, 34 x 25 cm.
THE LOUVRE

Cat. nº 561

198 *Junon*

Destinée à l'ornementation d'une cheminée
Bas-relief, marbre, 21-5/8 x 14-9/16 po
MUSÉE DE CLUNY, PARIS

Cat. no. 561

198 *Juno*

Carved to decorate a mantelpiece.
Bas-relief, marble, 55 x 37 cm.
MUSÉE DE CLUNY, PARIS

Indique l'influence de Galle et de Goltzius   Shows influence of Galle and Goltzius.
Bas-relief, marbre, 21-5/8 x 14-9/16 po   Bas-relief, marble, 55 x 37 cm.
MUSÉE DE CLUNY, PARIS   MUSÉE DE CLUNY, PARIS

Cat. nos 554, 555

200   *Vases*   1603–1639

201   Henri IV commanda pour le pourtour de la fontaine du Tibre, dans le jardin de la Reine, quatre vases de bronze qui rejetaient de l'eau dans des coquilles de pierre

Bronze, 37-3/8 po chacun

MUSÉE DU LOUVRE

Cat. nos. 554, 555

200   *Vases*   1603–39

201   Henry IV ordered four bronze vases to be placed around the base of the bronze cast of the Tiber to spurt water into stone shells as a fountain in the Jardin de la Reine.

Bronze, each 95 cm. high

THE LOUVRE

Cat. nos 565, 566

202   *Deux chiens assis*   vers 1603
Biard en 1603 reçut commande de quatre limiers et de
quatre têtes de cerf pour compléter le décor de la
Fontaine de Diane du jardin de la Reine
Bronze, H. 37-3/4 po chacun
MUSÉE NATIONAL DU CHÂTEAU, FONTAINEBLEAU

Cat. nos. 565, 566

202   *Two Seated Dogs*   c. 1603
Biard in 1603 was commissioned to make four
stag's heads and four hounds in bronze to decorate
the base of a statue of Diana as a fountain for the
Jardin de la Reine.
Bronze, each 96 cm. high
CHÂTEAU OF FONTAINEBLEAU

Cat. nº 87

203   *Embarquement de Chariclée*
Projet de Dubois, peintre né à Anvers et qui est venu
en France vers 1568, pour le Cabinet de Théagène et
Chariclée à Fontainebleau
Plume et lavis bistre, 11 x 16-5/8 po
BIBLIOTHÈQUE NATIONALE, PARIS

Cat. no. 87

203   *The Embarkation of Chariclea*
Study for decoration of Cabinet de Théagène et
Chariclée at Fontainebleau by the Antwerp-born
painter who was probably in France by 1568.
Pen and bistre wash, 28.0 x 42.3 cm.
BIBLIOTHÈQUE NATIONALE, PARIS

Cat. no 90
204 *La Toilette de Psyché*
Plume, lavis bistre, rehauts sanguine et blanc sur préparation, pierre noire, 13-7/8 x 10-1/6 po
THE PIERPONT MORGAN LIBRARY, NEW YORK

Cat. no. 90
204 *The Toilet of Psyche*
Drawing in red chalk, pen and red ink, brush and red wash, heightened with white, 35.3 x 25.6 cm.
THE PIERPONT MORGAN LIBRARY, NEW YORK

Cat. no 84
205 *Le baptême de Clorinde* vers 1605
Tableau peint pour le Cabinet de la Reine à
Fontainebleau d'après l'histoire du Tasse de Clorinde,
mortellement blessée, que Tancrède reconnait en la
baptisant
Toile, 74-3/16 x 74-5/8 po
MUSÉE NATIONAL DU CHÂTEAU, FONTAINEBLEAU

Cat. no. 84
205 *The Baptism of Clorinda* c. 1605
Painted for the Cabinet de la Reine at Fontainebleau
from the story by Tasso of Clorinda, mortally
wounded by Tancred who recognizes her as he
baptizes her.
Oil on canvas, 1.885 x 1.895 m.
CHÂTEAU OF FONTAINEBLEAU

Appendice, G

206 *Flore*

Proche d'une *Flore* de Dubois placée au-dessus de la
cheminée de la Chambre du Roi à Fontainebleau
Toile, 69 x 54 po
COLLECTION DR SYDNEY J. FREEDBERG, CAMBRIDGE

Cat. no. G (follows cat. no. 90)

206 *Flora*

Related to a painting of a *Flora* by Dubois that was
placed above the mantelpiece of the Chambre du
Roi at Fontainebleau.
Oil on canvas, 1.75 x 1.35 m.
COLL. DR. SYDNEY J. FREEDBERG, CAMBRIDGE

Cat. nᵒ 123
207   *Dieu ordonne à Noé d'entrer dans l'arche avec les animaux*
1608–1614
Etude pour la décoration de la voûte de la chapelle de
la Trinité à Fontainebleau
Plume, lavis sanguine, rehauts blancs,
13-3/4 x 21-15/16 po
NASJONALGALLERIET, OSLO

Cat. no. 123
207   *God Commanding Noah to Enter the Ark with the
Animals*
Study for the decoration of the vault of the
Chapelle de la Trinité at Fontainebleau.
Pen, red wash, heightened with white,
34.9 x 55.7 cm.
NASJONALGALLERIET, OSLO

Cat. nº 124

208   *L'apparition*, dit *Jupiter et Sémélé*
      Le sujet est incertain
      Plume, lavis, rehauts blancs, 7-3/16 x 10-1/8 po
      BIBLIOTHÈQUE NATIONALE, PARIS

Cat. no. 124

208   *The Apparition*, known as *Jupiter and Semele*
      The subject is uncertain.
      Pen, wash, heightened with white, 13.2 x 25.7 cm.
      BIBLIOTHÈQUE NATIONALE, PARIS

Cat. nᵒ 120
209 *Saint Luc*
Toile, 90-9/16 x 39-3/8

Cat. nᵒ 121
210 *Saint Augustin*
Fréminet n'a peut-être pas terminé avant sa mort ces deux grands tableaux destinés à être vus de loin dans un ensemble architectural avec des Évangelistes et des Pères de l'Église
Toile, 93-11/16 x 39-3/8 po
MUSÉE DES BEAUX-ARTS, ORLÉANS

Cat. no. 120
209 *Saint Luke*
Oil on canvas, 2.30 x 1 m.

Cat. no. 121
210 *Saint Augustine*
Fréminet may have left these two large paintings unfinished at his death. They were intended to be seen at some height with six others of the Evangelists and Church Fathers.
Oil on canvas, 2.38 x 1 m.
MUSÉE DES BEAUX-ARTS, ORLÉANS

ANONYME   ANONYMOUS

Cat. nº 564   Cat. no. 564
211 *Buste de Martin Fréminet, peintre du roi*   211 *Bust of Martin Fréminet, Painter to the King*
Ce buste fut placé sur le tombeau du peintre mort en   This bust was placed on the tomb of the painter
1619   who died in 1619.
Bronze, H. 19-5/16   Bronze, 49 cm. high
MUSÉE DU LOUVRE   THE LOUVRE   219

LA CHASSE DES 231
BESTES NOIRES.

Tel va souuent à la chasse,
Qui ce pendant qu'il pourchasse,
Quelques animaux de prix,
Voulant surprendre il est pris.
  Ce ieune homme qui tournoye,
Icy antour de sa proye,

Chassant à la volupté,
Met au hazard sa beauté.
  Car toutes ses mignardises,
Ce sont autant d'entreprises,
Pour l'assaillir en son fort,
Et là luy donner la mort.

V ij

Cat. no 689

212 Les Images ov Tableavx des devx Philostrates . . ., 1615, de
Blaise de Vigenère
Livre important plein d'observations sur l'art de la
Renaissance en Italie et en France. La page 23 est
inspirée du dessin de Caron, la *Chasse au cerf* (fig. 173).
Vve Abel l'Angelier, Paris, 1615
BIBLIOTHÈQUE NATIONALE, PARIS

Cat. no. 689

212 Les Images ov Tableavx des Devx Philostrates   1615 by
Blaise de Vigenère
An influential book with observations on
Renaissance art in Italy and France. Page 231 is
based on Caron's drawing of the *Stag at Bay*
(figure 173). Paris; Vve Abel l'Angelier, 1615.
BIBLIOTHÈQUE NATIONALE, PARIS

Cat. nº 427a

213   «*Vue du bastiment de la cour des fontaines et du jardin de l'estan*»   1649
Eau-forte, 4-3/16 x 6-3/16 po
BIBLIOTHÈQUE NATIONALE, PARIS

Cat. no. 427a

213   *View of the Building of the Cour de la Fontaine and the Jardin de l'Étang*   1649
Etching, 10.7 x 16.1 cm.
BIBLIOTHÈQUE NATIONALE, PARIS

Cat. nº 427b

214   «*Veue de la cour des fontaines et du jardin de l'estan*»   1649
Eau-forte, 4-7/16 x 6-9/16 po
BIBLIOTHÈQUE NATIONALE, PARIS

Cat. no. 427b

214   *View of the Cour de la Fontaine and the Jardin de l'Étang*   1649
Etching, 11.2 x 16.6 cm.
BIBLIOTHÈQUE NATIONALE, PARIS

Diuers veües, et Perspectiues des Fontaines, et Iardins de Fontaine bel eau, et autres lieux .
Veue de la source des fontaines de Fontaine-bel-eau
Perelle sculp.   A Paris Chez Israel, rue de l'Arbre sec au logis Monsr. le Mercier Orfeure de la Reyne   Israel ex . cum priuil Regis
pres la croix du Tregir.

Cat. no 427c   Cat. no. 427c

215   «Veue de la source des fontaines de Fontaine-Bel-Eau»   215   View of the Spring for the Fountains of Fontainebleau
Dessiné par Silvestre et gravé par Pérelle. La fontaine   Drawn by Silvestre and engraved by Pérelle. The
légendaire, ou Fontaine-Belle-Eau, considérée comme   legendary spring or Fontaine Belle-Eau, which is
l'origine du nom Fontainebleau, disparut sous le règne   considered one source for the name Fontainebleau,
de Louis XIV   disappeared in the reign of Louis XIV.
Eau-forte, 5-3/16 x 6-3/8 po   Etching, 13.2 x 25.4 cm.
BIBLIOTHÈQUE NATIONALE, PARIS   BIBLIOTHÈQUE NATIONALE, PARIS

HONORARY COMMITTEE

Under the distinguished patronage of
His Excellency The Right Honourable Roland Michener, C.C., C.M.M., C.D.
Governor General of Canada

FRANCE	CANADA
M. Pierre Messmer *Prime Minister*	The Very Honourable Pierre Elliott Trudeau *Prime Minister*
M. Maurice Schumann *Minister of Foreign Affairs*	The Honourable Mitchell Sharp *Secretary of State for External Affairs*
M. Jacques Duhamel *Minister of Cultural Affairs*	The Honourable Hugh Faulkner *Secretary of State*
His Excellency M. Jacques Viot *Ambassador of France to Canada*	His Excellency Mr. Léo Cadieux *Canadian Ambassador in France*

PREFACE

Canadians were given reason to rejoice when the French Government agreed at a meeting of the Commission mixte franco-canadienne in September 1971 to send part of the great exhibition, *L'École de Fontainebleau*, to the National Gallery of Canada.

When Francis I was summoning Italian and French artists to decorate his château at Fontainebleau – the cradle of the French Renaissance – Jacques Cartier was making three attempts to take possession of the American land he called New France. In the same century the French language was given a unity illustrated by the poets of the Pléiade; Rabelais and Montaigne were representing a new humanism; and the foundations were being laid of the French culture to which we Canadians are still very much tied. In spite of the wars and destruction of that time, the arts in France achieved a degree of refinement and beauty that the exhibition *Fontainebleau* most tellingly unfolds.

In 1971 we were fortunate enough in Canada as a result of the same agreement to be able to exhibit the *Céramique de France du Moyen Âge à la Révolution* at the Montreal Museum of Fine Arts and at the Royal Ontario Museum. We feel honoured in 1973 that this most splendid sequence of paintings, drawings, sculptures, tapestries, armours, and prints, centring around the court at *Fontainebleau*, will be shown at the National Gallery of Canada in Ottawa. In the name of the Canadian Government I want to thank the Ministries of External and Cultural Affairs in France for their generosity and their support. I hope that other opportunities of this kind will grow from the cultural accord between France and Canada.

Mitchell Sharp
Secretary of State
for External Affairs

ORGANIZING COMMITTEE

FRANCE

M. Louis Joxe
French Ambassador, President of the Association Française d'Action Artistique

M. Jacques Rigaud
Executive Assistant to the Minister of Cultural Affairs

M. Pierre Laurent
Director General of Cultural, Scientific and Technical Relations, Ministry of Foreign Affairs

M. Louis Delamare
*Minister Plenipotentiary, Chief of the Distribution and Cultural Exchanges Services,
Ministry of Foreign Affairs*

M. Jean Chatelain
Director of the Réunion des Musées nationaux de France

M. André Burgaud
Director of the Association Française d'Action Artistique

M. Hubert Landais
Inspector Géneral and Associate Director of the Réunion des Musées nationaux de France

M. Claude Ménard
General Delegate for Exhibitions, Ministry of Cultural Affairs

M. Bernard Poli
Cultural Adviser, French Embassy in Canada

M. Gaston Diehl
*Head of Mission, Cultural, Scientific and Technical Relations Branch,
Ministry of Foreign Affairs*

Commissioner General: **M. Michel Laclotte**
Chief Curator, Department of Paintings, The Louvre

Artistic Commissioner: **Mme Sylvie Béguin**
Curator, Department of Paintings, The Louvre

CANADA

M. Jean Ostiguy
Chairman, Board of Trustees, National Museums of Canada

Mr. A. E. Ritchie
Under-Secretary of State for Foreign Affairs

M. Jules Léger
Under-Secretary of State for Canada

M. Paul Tremblay
Associate Under-Secretary of State for Foreign Affairs

Mr. Freeman Tovell
Director of Cultural Affairs Division, Department of External Affairs

Miss Jean Sutherland Boggs
Director, The National Gallery of Canada

M. Jacques Asselin
Counsellor and Consul for Cultural Affairs, Canadian Embassy to France

M. Joseph Martin
Assistant Director, The National Gallery of Canada

M. Roger Plourde
Cultural Affairs Division, Department of External Affairs

Coordinator of the Exhibition: Mr. Myron Laskin, Jr.
Research Curator of European Art, The National Gallery of Canada

LENDERS

FRANCE

Private Collections

Anonymous, France
M. Pierre Berès, Paris
De Germiny Family

Public Collections

Musée Pincé, Angers
Musée des Beaux-Arts, Dijon
Musée national du château, Fontainebleau
Musée des Beaux-Arts, Orléans
Town of Pacy-sur-Eure
Bibliothèque nationale, Paris
École des Beaux-Arts, Paris
Mobilier national, Paris
Musée de l'Armée, Paris
Musée des Arts décoratifs, Paris
Musée de Cluny, Paris
Musée du Louvre, Paris
Musée des Beaux-Arts, Rennes
Archives départementales de la Seine-Maritime, Rouen
Musée Départemental des Antiquités, Rouen
Musée des Beaux-Arts, Tours

OTHER COUNTRIES

Private Collections

Anonymous, London and Canada
Her Majesty Queen Elizabeth II
Professor Sydney J. Freedberg, Cambridge, Massachusetts
Mr. and Mrs. H.W. Janson, New York
Herbert List, Munich
Mr. and Mrs. Germain Seligman, New York
Ian Woodner Family Collection, New York

Public Collections

Rijksmuseum, Amsterdam
Fogg Art Museum, Cambridge, Massachusetts
The Department of Printing and Graphic Art, Harvard College Library,
Cambridge, Massachusetts
The Art Institute of Chicago
The Cleveland Museum of Art
The Detroit Institute of Arts
Hessisches Landesmuseum, Darmstadt
The National Gallery of Scotland, Edinburgh
State Hermitage, Leningrad
Printroom of the University, Leyden
The Trustees of the British Museum, London
Courtauld Institute of Art, London
The Montreal Museum of Fine Arts
The Metropolitan Museum of Art, New York
The Pierpont Morgan Library, New York
Nasjonalgalleriet, Oslo
The National Gallery of Canada, Ottawa
Visitors of the Ashmolean Museum, Oxford
The Art Museum, Princeton
California Palace of the Legion of Honor, San Francisco
John and Mable Ringling Museum of Art, Sarasota
The Toledo Museum of Art
Albertina, Vienna

ACKNOWLEDGEMENTS

The Minister of External Affairs for Canada has expressed his gratitude for the exhibition of the art of *Fontainebleau* on a national level as a matter of rapport and exchange between two countries who because of history, culture, and one common language have every reason to feel family ties. I am glad that my remarks can be professional and make it clear that the exhibition of the art of *Fontainebleau* has grown also from an increasing rapport between Canadian museums and French museums.

On the one hand there is the Réunion des Musées nationaux de France under its distinguished director, Jean Chatelain, who symbolizes the rich resources in collections and scholarship of that great institution, and on the other hand the Association Française d'Action Artistique under its helpful director, M. André Burgaud, who represents the desire of France to share such resources with the rest of the world. In working on *Fontainebleau*, we at the National Gallery of Canada found we were once more very much indebted, as we have been in the past, for the concerned, personal help and advice given by M. Hubert Landais, Inspector General and Associate Director of the Réunion des Musées nationaux de France, and by M. Gaston Diehl, Head of the Mission for Artistic Exchanges at the Quai d'Orsay; they have solved problems that are inevitable in such an enterprise.

The exhibition has even deeper roots in the Louvre itself. It is typical of the growing friendship between our institutions that, in the same month that it was decided that this exhibition would come to Canada, I should by accident have bumped into its commissioner, M. Michel Laclotte, Chief Curator of Paintings at the Louvre, in one of our elevators in the National Gallery in Ottawa. He has remained a staunch supporter and friend with whom we can share a passion for disinterested scholarship.

But Michel Laclotte would agree that the principal credit for this exhibition should go to Sylvie Béguin, a curator in the Louvre's department of paintings. The small world of historians of art has long known that this scholar who has concentrated upon Fontainebleau has dreamed of a major exhibition on *L'École de Fontainebleau*. As that dream was being realized for the Grand Palais in Paris she was generous enough to keep the Canadian exhibition in mind and to give it her most considerate attention. It is as much her production in Ottawa as it was in Paris. And museums throughout the world envy our good fortune in being able to display the results of her research, as well as that of the distinguished scholars she has assembled to form the exhibition's Advisory Committee (listed in volume II, page 7).

For special advice and generosity in lending works of art to the Ottawa exhibition we are most grateful to the Director and several curators of the Louvre: M. Pierre Quoniam, Directeur; M. Jacques Thirion, Conservateur en chef du Département des Sculptures; M. Maurice Sérullaz, Conservateur en Chef du Cabinet des Dessins; Mlle Rosaline Bacou, Conservateur au Cabinet des Dessins; M. Bertrand Jestaz, Conservateur au Département des Objets d'Art; and at the Bibliothèque Nationale: M. Étienne Dennery,

Administrateur Général; M. Jean Adhémar, Conservateur en Chef du Cabinet des Estampes; and finally to M. Jean Coural, Administrateur général du Mobilier national.

Fontainebleau is the result of a special accord between France and Canada and of a special rapport between the Réunion des Musées nationaux de France and the Association Française d'Action Artistique and Canadian museums but, like all exhibitions, it could never have been assembled without the cooperative and generous support of lenders. In this case most of the works understandably have come from France – from private and public collections, and even, most touchingly, from Fontainebleau itself (indeed, we have reason to record our special thanks to the curator of the château, M. Jean-Pierre Samoyault). But we must also express our warmest thanks to lenders from Austria, Germany, Great Britain, the Netherlands, Scotland, the U.S.A., and the U.S.S.R. Their names are listed on pp. 230–31.

In working out the details of the exhibition we were very much indebted to our Embassy in Paris, in particular to the courtesy of the Ambassador, Léo Cadieux, and the Counsellor for Cultural Affairs, M. Jacques Asselin. The exhibition was only possible because of the agreement worked out by the Cultural Affairs Division of External Affairs; and we have continued to be dependent upon their collaboration. For the Gallery the Assistant Director, M. Joseph Martin, played a special role as negotiator, while Mr. Myron Laskin, Research Curator of European Art, was our coordinator for the exhibition. Mr. Laskin found it particularly rewarding working with Mme Béguin and has asked in particular that acknowledgement be made of how patient, helpful, and generous he has found Mlle Irène Bizot, Chief of Exhibition Services for the Réunion des Musées nationaux de France, Mme Germaine Tureau, Administrator of the Service for Documentary Photographs of the Réunion des Musées nationaux, and Mlle Anne Pingeot, who was then in the Department of Paintings at the Louvre. In Ottawa Mlle Louise d'Argencourt has worked faithfully on the exhibition with Mr. Laskin.

Jean Sutherland Boggs
Director
The National Gallery of Canada

# FONTAINEBLEAU

Forms and Symbols

If we were to speculate about what sixteenth-century art in France would have been without Fontainebleau, we would have to answer: a great body of scattered works, its significance hard to grasp. Fontainebleau gave the art of France in the sixteenth century a face; eminent scholars such as Louis Dimier have even asserted that it was at Fontainebleau – and only at Fontainebleau – that French culture at last took form, as it completely accepted the Renaissance. But what exactly is this Fontainebleau where modern art is said to have been born?

In the fifteenth and sixteenth centuries, an increasing number of other châteaux and royal residences housed (hidden from public view) collections, sumptuous decorations, and even antiquities. But Fontainebleau was unique as a centre of the arts – a cultural capital. I hesitate instinctively before making such a flat statement because all of us have become indifferent to the clichés of those who write history. The explanation of artistic life by its patronage seems incomplete and facile, but the vitality, the needs, and the passions of the whole period and this strange French society can make us genuinely appreciate the possibly radical importance of Fontainebleau.

We are immediately confronted with the most inexplicably strange and disturbing element of the Fontainebleau phenomenon: the unexpected decision in 1528 to embellish an undistinguished manor-house on the edge of the Forest of Bièvre – for which a reckless and excitable king, returning from a particularly humiliating captivity, suddenly showed a strong prediliction. It sprang thus from the need for prestige and from caprice. But when Francis I, who made Fontainebleau his home, his *chez lui*, as Androuet Du Cerceau described it, died nineteen years later, the importance of the Château continued and although, during the following reigns, royalty showed little interest in it, it could no longer be ignored. Stranger still, after the bitter downfall of the last of the Valois (Henry III), this Château not only survived as an artistic centre, but came back to life under Henry IV. What had started out as a creation of fantasy and pleasure was finally accepted in the early seventeenth century as a unique and serious artistic experiment.

One thing is certain: the second quarter of the sixteenth century saw three princes – Charles V, Henry VIII, and Francis I – transform Western Europe into a tournament for honour and prestige. Infatuation with their positions led them to summon scholars and artists to their courts and to undertake the building of spectacular palaces. Of the three undertakings, only one was finally successful: what Charles V had sought at Granada, and what Henry VIII had attempted at Hampton Court and Nonsuch, Francis I alone achieved at Fontainebleau. The Reformation is thought to have temporarily extinguished the spirit of the Renaissance in England, and the Counter-Reformation is said to have diverted its influence in Spain; but the impact of these two social and political forces affected France no less deeply. And yet what Fontainebleau represented was not destroyed. Only in France were importations from Southern Europe assimilated into an active culture and recomposed into a style that could be challenged and adapted in its turn.

But what was the art of France for those seventy-five years? No one has yet been able to grasp the full significance of its complicated and vivacious development. There is no end to the list of projects that have vanished and monuments that are now in ruins. There are too many names of artists without works, too many scattered fragments without an author, too many gaps, too many omissions. In the last thirty years, how-ever, the picture has become a little clearer, thanks to serious scholarship; it is now, perhaps, high time to make it better known. Archives have been explored, drawings classified, engravings studied, sculptures regrouped, paintings and *objets d'art* critically scrutinized, tapestries examined attentively. Little by little, the details of an artistic form have come to light – an artistic form of which this enormous exhibition of the Musées de France, so long awaited and so carefully prepared, will, for the first time, reveal the charms, the eccentricities, and the scope.

The reign of the last of the Valois[1] was both disorderly and obstinate. The disastrous results of its incoherence and cynicism were appalling; they revolted Michelet who considered it already spoiled by the St. Bartholomew's Day Massacre. And yet it is also marked by developments of fundamental importance that the historian cannot ignore: the obstinate striving towards the foundation of a nation and the birth of a culture. These may seem in conflict, but history is the sum total of events which appear to contradict each other. Recent studies have revealed, for example, the importance of the work accomplished by French jurists and law-makers in this period. France's legal structures no longer naïvely assimilated those of the Roman world. Throughout the sometimes laborious treatises on feudalism, royal rights, and parliamentary tradition appears a heightened awareness of the originality of French institutions, customs, and habits; of the inherent value of the language; and, lastly, of the concept of a society and culture that it was not longer profitable to compare with other models. The principles and methods were borrowed from the Italian humanists; but such "anti-quarian" jurists as F. Baudouin, Ch. Dumoulin, or J. Bodin were moving towards a true national sociology. In short, the conclusive factor in the evolution of the whole period was not only Montaigne's magnificent detachment, but also, and above all, new sets of convictions proclaimed in such works as Étienne Pasquier's *Recherches de la France* (Investigations of France).[2]

1. Henry III, King of France 1574–89.
2. Donald R. Kelley, *Foundations of Modern Historical Scholarship: Language, Law and History in the French Renaissance*, New York: Columbia University Press, 1970.

Now we should ask the significance of the development of the culture extolled and symbolized by Fontainebleau – soon to be supported and enriched by the brilliant poets of the *Pléiade*. The answer might be the total repudiation of indigenous forms, the end of traditions, and the adoption of the classic orders and the "forms" of Greece and Rome – along with an invasion of a horde of gods and goddesses, heros, and lesser beings whose attire, draperies, and even nudity belonged to the Mediterranean. At the very moment that French society was growing aware of its own identity, Fontainebleau was proclaiming an unreserved adherence to Southern forms and mythology. It was an inevitable swing of the pendulum. As soon as the Gothic past began to recede, it presented a distinct entity for the historians of institutions; and the deep marks it had left became all the more discernible. Consequently the new culture was impelled to repudiate it more vigorously.

Under influences that are as yet not fully determined, Francis of Angoulême[3] set out to be the instrument of change. The Italians recognized him as an enthusiastic and reliable disciple. They did not conceal their reliance on his influence in educating the French nobility, whose ignorance and vulgarity had scandalized them. At his funeral on 7 May 1547, in the oration delivered at the University of Paris, the Latinist Galland assessed Francis I's historic achievement: "We were truly like stumps, trunks, logs, or unpolished stones. But through his munificence and natural goodness, we are now reduced by the influence of the arts to all modesty and honest civility. As human beings confused by the darkness of hideous and abominable ignorance, we were gross and ugly beasts; but now by the institution of all good knowledge, we understand something and have veritably become men. Before he was King, we amused ourselves only with what assailed our imbecile senses, as if the organs of our reason had been closed, no more and no less than in some senseless brute . . . ." And the eminent professor (who had just been appointed in 1545 to the Chair of Latin in the Collège des lecteurs Royaux) imperturbably concluded by praising this national benefactor to the skies (*Oraison sur le Trespas du Roy François*, translated from Latin into French by Jean Martin, Paris, 1547). One recognizes the style of Rabelais[4] in the character of Gargantua. The credit for the cultural revolution was naturally attributed to the King, who thus became as gigantic and abstract as Pantagruel (for whom he partially served as model). For more than ten years one could see in the fresco of Fontainebleau the heroic conqueror of Ignorance on the threshold of the temple of the Gods.

3. Francis I, King of France 1515–47.
4. French writer (c. 1494–1553) whose most famous works were about the giants *Gargantua* and *Pantagruel*.

A UNIVERSAL WORKSHOP

The King's Ambassador to Venice, Lazare de Baïf, who managed to conciliate the poet Aretino but failed to persuade Michelangelo, finally sent to France, perhaps on the recommendation of one of these artists, a Florentine who had been forced to flee from Rome during the Sack of Rome in May 1527. The "new deal" of Fontainebleau began with a man who easily assumed authority through his intellect and his competence in all branches of the arts. Residing in the Château, appointed canon of the Sainte-Chapelle in 1532, and given every support, Rosso would achieve the dream of all Italian masters: namely, like Raphael fifteen years earlier for Leo X, and Giulio Romano, about the same time, for Federico Gonzaga, Rosso became the *impresario* and style-setter for a royal court. Other painters like Luca Penni were brought to the Château. The most important, after negotiations about which we know nothing, was one of Giulio's assistants on the work for the Gonzagas at Mantua, Primaticcio.

Efforts at Fontainebleau were finally concentrated on the decoration of the interiors of the royal apartments and the gallery. Within a few years, numerous teams of wood-workers were formed for the panelling, ceilings, and floors, and groups of craftsmen for the stuccos and frescos. Vignola, Serlio, and Cellini also appeared at court, but for different reasons did not stay. Rosso's sudden death in 1540 gave Primaticcio freedom and authority for the next thirty years. In 1544 he was appointed Abbot of St. Martin at Troyes and, concentrating his activities on architecture and sculpture, called Nicolo dell'Abate from Modena to assist him and, later, Ruggiero Ruggieri. On the other hand, he did not ask Salviati to stay. Primaticcio was a distinguished artist – the inventor of simple and elegant forms – who remained in constant touch with Italy, and was capable of developing with the times: he gives the impression of having done everything himself. These are the facts. They must now be interpreted.

The *Comptes des Bâtiments du Roi* (Accounts of the King's Buildings) give the names of the collaborators of the two masters – Rosso and Primaticcio – and thus throw light on the extraordinarily animated scene at Fontainebleau during the construction of the Galerie François Ier, the pavilions and, later, the Galerie d'Ulysse. Some of the assistants were simple craftsmen; others, artists who would eventually make names for themselves. It is not easy to assess individual contributions; but the large number of drawings still preserved give a fairly complete picture of such vanished paintings as those in the Pavillon de Pomone,[5] the Appartement des Bains,[6] the Pavillon des Poêles: and

---

5. For a record of the Pavillon de Pomone see the prints in figures 41, 76, 77.
6. For a record of the paintings in the Appartement des Bains see figure 59; figure 78 may also record a composition.

in certain cases they could be preferable to the somewhat forced works that have disappeared. This is practically a unique phenomenon in the history of art. If so many drawings were preserved, it was because they were considered masterpieces. Their variety reflects the intense artistic activity at the Château and the spirit of a school in the making. Compositions are planned, motifs corrected; the differences between copies and interpretations can be seen. A superb choice of these drawings, when thoroughly studied, conveys to some degree the specific rhythm of this art.

The other original thing about the School of Fontainebleau, recognized since Bartsch identified it on the basis of etchings and engravings,[7] is the systematic use of the print. Making prints of the great decorations, and circulating designs for their frameworks and compositions as models, was a relatively late innovation – about 1542 – but this activity reached an unprecedented level. A fine piece of recent scholarship[8] has identified the works of the most important artists and the quite considerable differences in their manners of treating a common repertoire. Nothing is known about how they worked. Certain plates inscribed at Fontainebleau appear to be experimental. But the extent of this production is impressive. In addition, the consequences of the innovations of Fantuzzi's etching[9] and Milan's engraving[10] cannot be overestimated.

The *Comptes*, with their meticulously itemized records of payments, mention the making of "patterns" for tapestry-weaving after the decorative compositions of the Galerie. One was no longer content to import great tapestries from Brussels. Experiments were carried out at Fontainebleau itself, but must have been suspended, probably at the death of Francis I, for only six hangings are known to record the south wall of the Galerie François Ier. In the state of our present knowledge, nothing further can be attributed to the studios of Claude Badouin and Jean Le Bries, and it is therefore impossible to talk of a royal factory, as did Sauval – a factory that was supposed to have been the prelude to the production of classical works. The models provided by Jean Cousin for the new cycles (fig. 93), the adaptation of the "grotesques" (figs. 121, 122) which replaced the floral decorations, the new importance of borders – all show, however, that the Fontainebleau themes had been carefully studied. The tapestry of the *Legend of Diana* (fig. 120) intended for Anet was quite conceivably woven at Fontainebleau under the stewardship of Philibert de l'Orme. In 1565, weavers were working in the Château; but whether we should say "again" or "still" remains an open question.

More is known about the casts from the antique. When Rosso died in 1540,

7. The cataloguer of prints who first coined the term "School of Fontainebleau"; the twenty-one volumes of his *Le Peintre-graveur* were published in Vienna between 1803–21.
8. Henri Zerner, *École de Fontainebleau*, Paris: Arts et Métiers Graphiques, 1969.
9. Figures 1, 23, 71–79.
10. Figures 55, 56, 58, 59.

Primaticcio was urgently recalled from Rome, where he had been taking plaster casts of the most famous classical statues in the Belvedere Court of the Vatican. He was obliged to return to Italy in 1545–46, and again in 1552, to complete the series. In 1541, Vignola was called from Bologna to help with the casting. These casts – improved over the originals – would serve as references for artists interested in studying their proportions, for designers of ornament, for model-makers, and for painters in search of classical colour.

Towards the end of 1543, the first casts were finished. Cellini recounts, or invents in his usual extravagant manner, the fabulous nocturnal festivities surrounding the presentation of the bronzes which were set on pedestals in the torch-lit Royal Gallery. The statues were finally divided between the Jardin de la Reine and the niches of the Cour de la Fontaine. The success of their installations is mentioned in numerous texts. Fontainebleau had indeed become, to use Vasari's facile yet inevitable formula, "a new Rome." It was intended to emphasize the extraordinary quality of the casts, and their successful presentation. Like the Holy Sepulchres of the Middle Ages, this open-air museum in the royal gardens was an important symbol.

All manner of workshops came and went in the annexes to the Château; and this activity, apparently, lasted for nearly a century. In 1565, when working on the tomb of Henry II, Primaticcio asked permission to take up residence in the lower part of the pavilion that he had formerly used and where tapestries now hang. According to P. Galland, there was also a printing press to publish and make better known the acquisitions of the library under the care of Guillaume Budé: "To make you know that his goodness did not wish to amass so many books and reduce them all into one book for glory and frivolous ostentation but rather for the profit of everyman, he had a printing press built in this city and there decided to send one book after the other, so they will be thus drawn from his library so that corrupters and spoilers of good things cannot abuse studious men." The two-fold effectiveness of the new medium – in the matters of distribution and copyright – is clearly shown. The measure of their success is less certain; but, at least in theory, the bases for the tools of modern culture were laid – in the specialized workshops to make bronze replicas, to translate drawings into tapestries, and to reproduce masterpieces through engravings and printed books.

RELIGIOUS ART

Work must have been divided early between Fontainebleau and Paris. This was certainly true as far as print-making was concerned. The greatest number of engravers were to be found in Paris – men like Pierre Milan who engraved the emblematic *Nymph* (fig. 55). The second Pierre Blasse, to whom Jean Cousin gave the cartoons for the great tapestries of the *Life of St. Mammès* (fig. 93), was Parisian, and there is even a record of a studio in the Hôpital de la Trinité, Rue St. Denis, from 1551 onwards. The ebullient Cellini had his furnace in the Petit-Nesle; and, about 1545, Jean Goujon was to be found working on the rood-screen of St.-Germain-l'Auxerrois, and on the new Louvre.

The same was true of painting – though most of the *ensembles* decorated in Paris during the reigns of Henry II and Charles IX have disappeared. What can be deduced from preparatory sketches and copies – and even engravings – of the seventeenth century show affinities with Fontainebleau. Towards 1555, Primaticcio was working in the chapel of the Hôtel des Guise in the Marais: a wonderful red chalk study (fig. 28) used to be thought to be Muses for the Galerie d'Ulysse instead of angels – as they are – to surround the star in the Chapelle de Guise, one of the masterpieces of Mannerism. Primaticcio's position was consolidated with the arrival of Nicolo dell'Abate about 1552. Even when Primaticcio and Nicolo were completing the Galerie d'Ulysse and the Salle de Bal at Fontainebleau, they were working in Paris decorating the galleries of private houses in the Fontainebleau manner: for example, the Hôtel du Faur (fig. 134), which was demolished in 1830, or the Hôtel Montmorency, in the rue Sainte-Avoye, with medallions and reclining figures that are known in part. Their influence can be found in several chapels in the Île-de-France, for example at Chaalis.

It was through dissemination in this manner that the Fontainebleau style came into its own. It was no longer a unique experience. It touched private houses and churches. The stone-carvers, so numerous and traditionally self-reliant, found no work at Fontainebleau, where the sandstone was far too hard. In Paris, however, the younger generation, contemporaries of Goujon, by adapting the light and fluid forms of the Fontainebleau manner to stone, rendered it more convincing, and opened the way for great monumental and tomb decorations. This delicate shift in emphasis was decisive. The graphic repertoire was re-examined by sculptors whose chisel discovered incredibly subtle interpretative means. After the *Diana* of Anet, which could not remain anonymous[11] indefinitely, and the *Fountain of the Innocents* by Goujon, no return was possible: the predominant nudity of the false goddess and the transparency of the clinging, nymph-like draperies were the summit of the liberties sought in the profane art of the Fontainebleau artists. The tomb of Henry II and Catherine de Medici at St-Denis, the *Virtues* (figs. 161, 162) of the shrine of St. Geneviève, and the works resulting from the collaboration of Germain Pilon and Primaticcio – all represented the same achievement in religious art.

By its spread to Paris and its interpretation by the talented sculptors of the younger generation, the precious style of Fontainebleau conquered both monumental sculpture and religious art. It is quite a common mistake to contrast the "paganism" of the new style with the demands of Christian imagery. Even Émile Mâle was not always perceptive in this matter. Neither Rosso, Primaticcio, and their engravers nor Goujon, Pilon,

11. Once given to Jean Goujon, then to Cellini, and by some to Pilon. See Volume II, no. 113.

and their followers found the slightest difficulty in expressing human experience from the points of view of both classical mythology and Christian imagery. It was quite natural for them to use, in their devotional works, the elegant forms, the light drapery, and even the voluptuous curves that were the hallmark, as it were, of their mythological scenes. These artists were primarily interested in adding to the charm and seductiveness of the picture – as their response to the dignity of the theme. Sometimes, indeed, their aestheticism seems strangely misplaced. In works like Goujon's *Deposition*, or the later *Resurrected Christ* of Beauvais, decorated in the latest fashion by a painter close to Caron, the affected manner is disconcerting. Artifice drives out emotion. But we must not jump to too hurried a conclusion. These eccentricities were the result of the brief episode of Roman Mannerism (1525–27) that found its most fruitful off-shoot in France. Rosso and Parmigianino had produced sacred works – for example Rosso's *Dead Christ* in Boston and Parmigianino's *Madonna of the Rose* in Dresden – that possess such charm that their very suavity strikes us as ambiguous. The suggestions made by Rosso, and the welcome given to the engravings after the works of Parmagianino, could only encourage Fontainebleau artists to seek out the rare and the exquisite, even – and especially – in the Holy Families, the Madonnas, and the figures of Christ. The sensual caress of forms, the tenderly supple clarity of contours, the clinging draperies – all accentuate the complexity of style that achieved its greatest intensity only in the works of the masters.

A certain concentration of subjects is found in the religious works. Particularly numerous *Adorations of the Magi* and *Entombments* lent themselves to groups of strange and contrasting figures. Above all, there was a new exploration of biblical themes. Interest in the three languages of the Scriptures and biblical exegesis led the artists early towards scenes from the Book of Kings and the Books of the Prophets. The revised choice of illustrations for Books of Hours toward 1550 is proof of this. Caron suggested the vicissitudes of a conspiracy through the little-known story of Bagathan and Thares in drawings made for engravings. Melchizadek has never been represented so often. An erudite knowledge of the complicated and obscure episodes from the Scriptures paralleled mythological learning. The long-haired and tightly-swathed figures of the Old Testament represented situations found in the contemporary world so that, like the adventures of Ulysses or Jason, stories from the Bible were given a topical significance.

EROTICISM AND WATER

The Galerie François Ier was built over what was called the Appartement des Bains. This was a noteworthy innovation in relation to normal French habits, and obviously of Southern origin. In his treatise on Roman religion and customs, G. du Choul (1555–56) purposely compared the ancient baths to those at Fontainebleau. The *stufette* – bathrooms decorated with stuccos, cartouches, and grotesques – had been the most sought-after luxury for twenty years. In Rome, they were to be found everywhere; one such bathroom has just been discovered in Mantua, at the Palazzo del Tè, after more than four centuries of oblivion. At Fontainebleau, the project was a sensation.

The final arrangement of these hot-rooms, with their suites of rooms which obviously owed much to Rosso (who was familiar with Roman examples), was directed by Primaticcio who came from Mantua. The arrangement had several notable consequences. Most of the paintings of the royal collection were placed in the "appartement" which thus became the equivalent of a royal "wardrobe." This should cause no surprise, for pictures and objects in a collection were always kept in the private part of a dwelling. In the Appartement des Bains, there were dressing-rooms and rooms to rest in – in which the Leonardos, the copy of Michelangelo's *Leda*, and portraits by Raphael and Sebastiano del Piombo were to be seen, and probably even the pictures from Flanders in which the King had shown such a great interest about 1529. The drawbacks of this ground-floor installation became apparent later; in Henry IV's reign, the pictures were removed from the Appartement des Bains to a pavilion in the neighbouring wing.

But this famous *ensemble* is closely tied to the history of painting. In France, nudes had hardly ever been put in profane pictures: the nude was just as rare in panels or mural painting as in mythological illustrations. In making use of the nude, Fontainebleau gave a new and, in a way, daring turn to profane art. Many questions could probably be answered if it were possible to reconstruct the Appartement des Bains, and thus understand its decoration and popularity. The springs and fountains were the great attraction of Fontainebleau; they are contained in its name. The nymphs shown bathing around the two nude goddesses of Love and Hunting – Venus and Diana – were but another expression of praise for the Château. They are to be found in engravings. A celebrated etching by Fantuzzi (after Primaticcio) shows, with charming indecency, Venus stepping into Mars's bath (fig. 78), a scene probably intended for a lunette of the ceiling. By regrouping two of Primaticcio's drawings, a third is reconstructed: the misfortune of Calixto, completed for another lunette by the scene of Jupiter with the nymph in an engraving by Milan (fig. 59). A complete and varied cycle was thus created in which female nudity, the goddesses of water, and the vicissitudes of love were to be expected in mythological works. It was, in a way, the speciality of Fontainebleau. Its success spread, largely because of the influence of the print. It is therefore reasonable to hold Fontainebleau responsible for the large number of pictures of the *Bath of Diana*, like François Clouet's; and one is not astonished to find a great number of versions of it. The theme of Actaeon, or the punishment of the intruder, struck far too responsive a chord – in a society where poets were forever detailing the ritual of amorous approaches and rejection – for the familiar faces at court not to be projected onto the mythological characters. Any lady might become Venus or Diana; her lover, Actaeon – if not a Mars or Jupiter. A court is a mythology in action.

The theme of the *Lady at her Dressing Table* (fig. 148) is only a variation of the allegorical portrait. Of its Italian origin there is no doubt. We do not know the original Fontainebleau version. But this obviously popular subject must be considered as a contemporary adaptation of the Baths of Venus and the Baths of Diana, or possibly of the Toilets of Psyche, which followed them towards the end of the century in Nicolo's circle at the Hôtel du Faur and in Dubreuil's at St-Germain. François Clouet was perhaps once more responsible for popularizing these works. The pictures form a series. It is, then, difficult to attribute very different motives to each. The artificial setting, the pose, and the accessories do indeed lend a strange and even bizarre atmosphere to these works, for the lady at her dressing table, holding a mirror and preparing her jewels, with a flower quite near her, was in fact the traditional model of *Impudicitia* and *Vanitas*. The popularity of the Fontainebleau mythological nudes brought a renewed appreciation of the theme: it celebrates woman in the act of beautifying herself, rather like a praise of cosmetics in the Baudelairean sense. The ambiguous effect created stems from the memory and repression of the moralist tradition. The quality of these genre scenes is to remove the lady from this moralist tradition, while celebrating her privileges.

These pictures were fashionable, as the large number of copies and variations testifies. Since they were painted over a period of thirty or forty years, and since the key-works are often missing, the relationships are obscure and the dates only approximate. The artificial character of the compositions lends a mysterious attraction to a picture like the curious *Sabina Poppea* in Geneva. The *Sabina Poppea* is a unique work only by accident; it must have belonged to a series, perhaps of Empresses and Queens, but more probably of illustrious ladies – possibly with scenes of gallantry in the background.

It is not possible to understand the art of Fontainebleau if we forget that its mythological pretext is not to mask – but to reveal. The licentious paintings, like those in the Appartement des Bains, have disappeared. The drawings and engravings show that erotic themes could be treated cheerfully and without vulgarity. Thus, the artists made the most of pagan precedent. In fables, the animal nature of satyrs and nymphs acquired an aesthetic respectability – and became a form of *capriccio* or light comedy, which was as indispensable to this style as it was to Ronsard[12] in his *Livret des Folastries*. It may be concluded, however, that this freedom of tone was probably felt to be an aristocratic privilege; it is put to unexpected use in the often light and farcical zest of the frames and animated pedestals.

One of the most popular of the licentious pictures of the time was Michelangelo's *Leda*, painted for Alfonso d'Este, a collector of *erotica*, but finally given to a pupil of Michelangelo's, Antonio Mini. Towards 1530–32, Mini tried to sell it in France, where

12. Poet (1524–84), chief of the Pléiade.

Rosso copied it.[13] It met with great success, but disappeared during the seventeenth century. It may well have been burnt "on moral grounds." We may also ask why another provocative picture, *Venus, Cupid, and Time*, by Bronzino,[14] which, according to Vasari, was "sent to King Francis," appeared in England during the eighteenth century. The porcelain-like flesh and concentrated drawing of the accessories, as often in this type of work, foreshadows the formal perfection of Ingres. It did not go unnoticed in France: the "exquisitely wanton group in the foreground" was responsible for Caresses of Cupid, which were part of the Fontainebleau repertoire. But Bronzino's work had a moral basis; it denounced the insanity of the passions. According to Panofsky, it was consistent that "alluring, sensual voluptuousness, rather than other forms of evil, should be selected at this particular date to symbolize vice." The more voluptuous the picture, the more necessary was its symbolic setting.

In former generations, painters who invited repentance in Dances of Death or visions of human disorder gave their scenes such an amusing diversity and their characters such a liveliness that with the condemnation of vice and the evidence of earthly misery was mixed an indefinable feeling of the picturesque, of curiosity, and of sympathy that cancelled out the moral aspects of the picture. The art established at Fontainebleau visually flatters the passions it is supposed to condemn. But the mythological symbolism underlying the new iconography must be understood. It was the indispensable key to the lifting of all censorship, creating an almost joyful relationship between sensuality and sublimation. At the entrance to the Galerie François 1er Venus appears as guardian; standing in her pool near the fountain, she is the intercessor for culture and exalted pleasures.

A courtly art always tends to develop a universe from which nature is absent. This is the case at Fontainebleau: an animated yet calculated decoration, striking in its elegance but limited by the restrained economy of its symbols. The passions are filtered through poetic fables. Everything is reduced to the interplay between the figures. Space is only a pattern of intervals around figures that are stereotypes, like Primaticcio's most successful invention – the close-knit group of *Ulysses and Penelope* (fig. 30) repeated in Nicolo dell'Abate's *Venus and Cupid* (fig. 133) which was a simple extraction from the panel in the Galerie d'Ulysse in which the original was set. The Salle de Bal is festooned with clusters and garlands of figures. Thanks to the drawings (figs. 25, 29) made for the Galerie d'Ulysse, it is possible to visualize its fascinating decorations: the astonishing variations on the ceilings, overhangs, every Mannerist trick with space. The tiers, perspectives, wings – all serve the figures magnificently.

13. Royal Academy, London.
14. National Gallery, London.

Since Mannerist taste lent itself to extremes, there was a contrary fashion for pictures with small figures, probably attributable to the arrival of Nicolo dell'Abate, and perhaps also to the brief appearance of Paris Bordone in 1559. This fashion can be seen in Caron's settings: the silhouettes are distributed rather dryly against surfaces rhythmically broken by buildings of a borrowed architecture. This artificial setting is over-generously encumbered with references to archaeology and history which give a curious pantomime-like quality to the compositions. The style is in marked contrast with Nicolo's flexible manner. It is also an art of figurines, but cast into a space composed of undulations, discolourations, and distances that produce a landscape that could only be described as romantic.[15] Its success was assured; it added to the Flemish models (adapted into engravings, for example by Thiry) the brilliant range of colours, the nervous movement, the sentimentalism of the Italians. It was an appreciable step forward. And since all courtly art sooner or later must have its pastoral aspect, gracious pictures of rustic life are to be found in Nicolo's immediate circle: threshers and winnowers, the vestiges of some cycle of the months or seasons illustrated by the labours of the field. This was, however, an avenue that would not be pursued.

PORTRAITURE AND ORNAMENT

The famous coloured-chalk portraits, astonishing in their clarity, candour, and charm, have nothing to do with the art of Fontainebleau. During his long career, Jean Clouet had occasion to visit the Château; but he neither learned nor taught there. More should be known, however, about other portraits, including those painted by Luca Penni as indicated in his inventory of 1566. A somewhat cold engraving seems to provide evidence of them. But in the final analysis the strength of Fontainebleau did not lie in its portraiture. Its artists had little interest in psychological preoccupations, or real faces, but were rather concerned with invented situations and figures without a real existence. They concentrated on elongated bodies, tapering hands and feet, and adornment; and they took their models from mythology. The Chambre de la Duchesse d'Étampes does not portray a love-story with the actual faces of the favourite and her prince, but a translation into a proud, voluptuous, and smiling legend (fig. 80). If a Fontainebleau portrait exists, then it would be allegorical, transformed, and unexpected. As a result we have the ladies at their dressing tables who recall Venus, the heroes Jupiter or Mars, the enamelled dish of the *Feast of the Gods*, or the small symbolic monster composed by Nicolas Bellin. When chalk is used, it is at the cost of such transformations, for which the enamels by Limousin, with their insistent and heavily-decorated frames, reveal an anxiety; if the

15. As the word might apply to the work of Torquato Tasso (1544–1595), whose *Gerusalemme Liberata* was published in 1574.

figure were not supported symbolically, it needed the help of ornament.

There is an obvious and fundamental relationship between the passion for mythology, the absence of psychological interest, and what may be described as the promotion of ornament. Perhaps we might use a new word, "ornamentalic," to describe the complete system of elements and structures that are either opposed or indifferent to subject matter in art. Never has such a radical or ingenious renewal of ornament been seen in one spot. It was first expressed in the frameworks, and particularly in the Galerie François 1er,[16] where the blending of stuccoed and painted areas led to a wonderful riot of combinations. The accompanying decoration suddenly assumes a vitality and extensiveness that give it the same importance, and therefore interest, as the main composition; the other panels arranged in triptychs have, as a result, been carefully placed. All the great formulas followed until then underlie this rich and slightly farcical invention – the swags of fruit and the garlands, the *putti* and the elongated figures, and the strapwork, an abstract motif in geometric form, compelled by a kind of spring that drives it inward, used here decisively for the first time. This accumulation of elements required surprising and complicated organization with a highly "Mannerist" flavour. Its dynamic quality came from the active intervention of small unattached figures constantly merging with the decoration: they seem to take form beneath our eyes; we see the limbs at work and the laughing mockery of the genii who form the decoration by taking up their abode in it. Thus conceived, the ornament absorbs and transcends the figures: in some way it assumes the body's expressive properties. This extraordinary solution was, of course, anticipated by the Italian fashion of the "grotesque." But the two should not be confused: it was in contrast to the superficial and linear aspect of the grotesque that the first Fontainebleau decoration was defined. Its corpulence opened a new era of ornamentation to which all branches of the arts would respond with the general use of the cartouche. But Primaticcio would abandon the complexity of the combined decoration; grotesques cover the bays of his Galerie d'Ulysse. At Fontainebleau, ornament was twice completely changed in design.

The collections of engravings played their part by often combining the two systems of ornament. The "arabesques" of Androuet Du Cerceau, Delaune's series of medallions or cartouches, and the exercises of Pellegrin and Jean Cousin answered the need for models. But in keeping with a direction that would strengthen in the Rhineland and in Flanders with Floris, the variations of the subject-matter of ornament became an independent branch of artistic expression. Decorative abstraction was adopted by the printmakers and extravagantly elaborated – a development for which Fontainebleau was certainly largely responsible. The frames were disassociated from the narrative scenes and tend to envelop the landscapes, as they did in the prints of Fantuzzi (figs. 23, 73, 76, 77)

16. See figures 55, 73.

or the Master I. ♀ .V., or in the *Story of Jason* (figs. 65, 66). Since the distinctions between stuccoed and painted areas disappeared in prints, engraving and etching led to a flattening of decoration; they therefore suggest sham relief like Écouen's. The elastic yet intricate system invented by Rosso became a universal instrument in the hands of the ornamenters. Wood-carvers, enamellers, and armourers exploited it to the best of their abilities. Strapwork appears effectively in stained-glass windows. The patterns of the goldsmith are transferred to the vast capsule of Bontemps's monument for the heart of Francis I. Popular crafts reflect the more ambitious works; and, through the solidarity of the trades, a whole network of strange forms spreads throughout the country. It is impossible, of course, to trace the paths of these influences, but comparisons reveal the adherence of these anonymous works to modernity as it was given expression at Fontainebleau. Rarely, I am convinced, has this aspect of art shown so much vitality.

UNDER HENRY IV

Mannerism of the second wave, or late Mannerism, is a diffuse phenomenon belonging to the late sixteenth century. The most active centres were to be found in the provinces, which had remained somewhat marginal up to then – like Lorraine, with Bellange and Callot, and Bohemia, at the court of Rudolph II. But Fontainebleau served and would increasingly serve as a source for the artistic inspiration of the Netherlands. According to H. Hymans, Fontainebleau was the "Italy of Flanders," and the visits of Rubens and van Thulden quickly confirmed this role.

But Fontainebleau did not remain inactive: on the contrary, it undertook a new exploration of its resources. The personalities included in the "Second School of Fontainebleau" must be considered from two points of view – those of Europe and of France. Artists of the Second School fit equally well into either category. Fréminet, the most talented in the "grand manner," studied Michelangelo in Rome, as Rosso had sixty years earlier, but was not unaware of the brilliance of Nicolo's execution of Primaticcio's drawings for the Salle de Bal. Dubois, Flemish by birth, knew the Haarlem Mannerists. Dubreuil was the pupil of Ruggiero Ruggieri, who was known to have been very close to Primaticcio. Both Dubois and Dubreuil worked on a methodical renewal of the Fontainebleau designs and genres: the decorative galleries, the allegorical portraits, the mythological tapestries. Perhaps they felt they were only continuing and completing. Certain sculptural works – such as the Belle Cheminée and the Fountain of Diana – gave the pupils of Pilon, Mathieu Jacquet and Barthélémy Prieur, the opportunity of working at the Château. They were clearly influenced by the decoration of the Chambre du Roi, and by the antiquities. The presence of craftsmen like the potters from Avon could also be interpreted as a general revival of the decorative arts. But the styles are not repeated. The allegorical portraits show a somewhat malicious gaiety, and often a certain heaviness (for example, in the portrayal of Marie de Medici as Minerva). To the mythological themes were added romantic sequences, treated in the somewhat disconcerting, but rather charming, guise of Chariclea and Clorinda. It is striking that painting continued to portray a romantic world and stock figures, with no reference whatsoever to the troubles, miseries, or hopes of the period – aside from the solemn display of princes. But this is the essence of Fontainebleau: the elegance and setting of a life at court that had been interrupted offered an empty frame that one day would be filled. The process is a good illustration of how great styles become important factors in history.

Yet many things were questioned. Under Henry IV the Chapelle de la Trinité was completed but the Appartement des Bains was moved. The arrangement of the statues in the garden was changed. The East Wings were built in a new style, and the value of the models was questioned. An argument was even started by a Bourbon supporter, Antoine de Laval, who took exception to the Fontainebleau-like designs for the Petite Galerie of the Louvre as it was being finished. His treatise of 1600, *Des peintures convenables aux basi-liques et palais du Roi* (Concerning Paintings Suitable for the King's Churches and Palaces), was submitted to Mgr. de Béthune, in other words to Sully.[17] Its aim was to persuade the King to abandon the style of Francis I mainly for reasons of propriety: "The houses and palaces of Kings . . . are such august, venerable, and sacred buildings that it is a kind of pollution and sacrilege to see something in them that is profane, vain, false, or im-modest." And its author adds unhesitatingly: "I have often-times desired that this fine and sumptuous work made in the time of the great King Francis in the Gallery of Fon-tainebleau might have been employed on some true subject more fitting to the majesty of our Kings than the representation of Homer's *Odyssey*." And again: "I wish to con-vince myself that the high opinion in which these Italian artists were held . . . was the reason they were put on their oath and given a free hand to invent and paint together; for if the subject had come from this great King himself, or from someone in his con-fidence, they would not have gone outside the history of France to find fine and rich inventions." This criticism of the mythological themes seems to echo a fairly general feeling that most of the galleries of châteaux and private houses, which became increas-ingly numerous in the seventeenth century, should abandon mythological subjects for ordinary subjects such as the topographic decoration of the Galerie des Cerfs at Fon-tainebleau. The challenge to mythology in a royal setting was also discussed from the nationalistic point of view, which introduced a criticism of Fontainebleau Italianism: a fine example, in the main, the common opinion ran, but art should now have other foundations. This, of course, implied changing both subject matter and style. The times

17. Maximilien de Béthune, Duc de Sully (1560–1641), Protestant, and supporter and adviser to Henry IV; he was also Superintendant of Finances.

of the Bourbons were no longer those of the Valois. Preoccupations of state can militate against artistic freedom.

The Château was still used by the court; it was never more visited than in the seventeenth century. But it had become a part of history. An innovation, easily explained by the numerous requests of distinguished visitors, was an official publication, devoted to Fontainebleau. This large book, the *Trésor des merveilles* (Treasury of Marvels) by Père Dan, one of the Trinitarian fathers whose order was attached to the Château, places his description in a political and dynastic context. All the artistic achievements of the Château seem admirable to him, although he does not understand their significance. Today, thanks to the great assembly of works of all kinds in this exhibition, directly or indirectly connected with Fontainebleau, this significance springs before our eyes. For more than half the sixteenth century, somewhat disorganized – but ingenious and enthusiastic – attempts were made to bring together at Fontainebleau a fund of cultural potential and artistic riches of such quantity and variety that it became a source of energy where one – and even two – centuries drew irreplacable inspiration. It is not easy to assess a phenomenon of this order. But the fact that very often only fragments can be put together has the fortunate consequence that emphasis must be placed on formal comparisons and obvious similarities of style. This is not unfaithfulness. It is the rediscovery of the approaches and movements of artists, swayed by the aestheticism of the Renaissance. It is quite possible to resist the elegance and grace of the Fontainebleau achievements; but one must be prepared to admit that this art owes its value to the pleasures of artifice, to aristocratic requirements, and, in the final analysis, to a manner that had its sources in a certain frivolity.

André Chastel
Professeur
Collège de France

PROVENANCE DES FIGURES

Amsterdam, Foto-Commissie Rijksmuseum, fig. 186;
Angers, Musées d'Angers, fig. 16a, 16b, 126;
Cambridge, Fogg Art Museum, Harvard University, fig. 149, 171; Chicago, The Art Institute of Chicago, fig. 154;
Cleveland, The Cleveland Museum of Art, fig. 159, 160,
Darmstadt, Bernd Friedrich, fig. 70; Detroit, The Detroit Institute of Arts, fig. 133;
Édimbourg, Tom Scott, fig. 172;
Leyde, Prentenkabinet R.U., fig. 63, 64; Londres, The British Museum, fig, 6, 7, 12, 56, 62, 71, 72, 76, 110, 140, 141; Londres, The Courtauld Institute of Art, fig. 137, 142, 143;
Montréal, Musée des Beaux-Arts, fig. 9;
New York, The Metropolitan Museum of Art, fig. 10, 23, 74, 89, 91, 147, 153; New York, O. E. Nelson, fig. 87; New York, The Pierpont Morgan Library, fig. 31, 204; New York, Eric Pollitzer, fig. 22, 67;
Oslo, Nasjonalgalleriet, fig. 207; Ottawa, Galerie nationale du Canada, fig. 46, 65, 66, 176; Oxford, Ashmolean Museum, fig. 127;
Paris, Allo Photo, fig. 121, 122, 179, 180, 191, 192, 194, 195; Paris, Bibliothèque nationale, fig. 1, 3, 11, 14, 15, 17, 36, 38, 40, 41, 42, 45, 47, 53, 55, 58, 60, 73, 75, 77, 78, 79, 80, 81, 82, 86, 88, 94, 95, 96, 97, 101, 105, 106, 107, 108, 112, 139, 158, 166a, 166b, 167a, 167b, 173, 184, 185a, 185b, 193, 203, 208, 212, 213, 214, 215; Paris, Maurice Chuzeville, fig. 113, 150; Paris, Musée de l'Armée, fig. 116; Paris, Réunion des Musées nationaux, fig. 2, 4, 13, 18, 19, 20, 21, 24, 25, 26, 27, 28, 29, 32, 33, 34, 35, 37, 43, 44, 48a, 48b, 49, 50, 51, 52, 54, 57, 59, 61, 68, 69, 84, 85, 90, 93, 102, 109, 111, 114, 117, 118, 119, 124, 125, 128, 129, 130, 131, 132, 134, 135, 138, 144, 145, 146, 148, 151, 155, 156, 157, 161, 162, 163, 168, 169, 174, 175, 177, 178, 181a, 181b, 182, 183, 187, 188, 189, 190, 197, 198, 199, 200, 201, 202, 209, 210, 211; Princeton, The Art Museum, Princeton University, fig. 152a, 152b;
Rennes, Musées de Rennes, fig. 92; Rouen, Photo Ellebé, fig. 83, 120;
San Francisco, California Palace of the Legion of Honor, fig. 164; Sarasota, The John and Mable Ringling Museum of Art, fig. 196;
Toledo, The Toledo Museum of Art, fig. 30;
Vienne, Albertina, fig. 5, 39;
Windsor Castle, reproduite avec la permission de S.M. Elizabeth II, reine d'Angleterre, fig. 115;
Gracieuseté du prêteur, fig. 8, 98, 99, 100, 103, 104, 123, 136, 165, 170, 205, 206.

PHOTOGRAPH CREDITS

Amsterdam, Foto-Commissie Rijksmuseum, fig. 186;
Angers, Musées d'Angers, figs. 16a, 16b, 126;
Cambridge, Fogg Art Museum, Harvard University, figs. 149, 171; Chicago, The Art Institute of Chicago, fig. 154;
Cleveland, The Cleveland Museum of Art, figs. 159, 160;
Darmstadt, Bernd Friedrich, fig. 70; Detroit, The Detroit Institute of Arts, fig. 133;
Edinburgh, Tom Scott, fig. 172;
Leiden, Prentenkabinet R.U., figs. 63, 64; London, The British Museum, figs. 6, 7, 12, 56, 62, 71, 72, 76, 110, 140, 141; London, Courtauld Institute of Art, figs. 137, 142, 143.
Montreal, The Montreal Museum of Fine Arts, fig. 9;
New York, The Metropolitan Museum of Art, figs. 10, 23, 74, 89, 91, 147, 153; New York, O. E. Nelson, fig. 87; New York, The Pierpont Morgan Library, figs. 31, 204; New York, Eric Pollitzer, figs. 22, 67;
Oslo, Nasjonalgalleriet, fig. 207; Ottawa, The National Gallery of Canada, figs. 46, 65, 66, 176; Oxford, Ashmolean Museum, fig. 127;
Paris, Allo Photo, figs. 121, 122, 179, 180, 191, 192, 194, 195; Paris, Bibliothèque nationale, figs. 1, 3, 11, 14, 15, 17, 36, 38, 40, 41, 42, 45, 47, 53, 55, 58, 60, 73, 75, 77, 78, 79, 80, 81, 82, 86, 88, 94, 95, 96, 97, 101, 105, 106, 107, 108, 112, 139, 158, 166a, 166b, 167a, 167b, 173, 184, 185a, 185b, 193, 203, 208, 212, 213, 214, 215; Paris, Maurice Chuzeville, figs. 113, 150; Paris, Musée de l'Armée, fig. 116; Paris, Réunion des Musées nationaux, figs. 2, 4, 13, 18, 19, 20, 21, 24, 25, 26, 27, 28, 29, 32, 33, 34, 35, 37, 43, 44, 48a, 48b, 49, 50, 51, 52, 54, 57, 59, 61, 68, 69, 84, 85, 90, 93, 102, 109, 111, 114, 117, 118, 119, 124, 125, 128, 129, 130, 131, 132, 134, 135, 138, 144, 145, 146, 148, 151, 155, 156, 157, 161, 162, 163, 168, 169, 174, 175, 177, 178, 181a, 181b, 182, 183, 187, 188, 189, 190, 197, 198, 199, 200, 201, 202, 209, 210, 211; Princeton, The Art Museum, Princeton University, figs. 152a, 152b;
Rennes, Musées de Rennes, fig. 92; Rouen, Photo Ellebé, figs. 83, 120;
San Francisco, California Palace of the Legion of Honor, fig. 164; Sarasota, The John and Mable Ringling Museum of Art, fig. 196;
Toledo, The Toledo Museum of Art, fig. 30;
Vienna, Albertina, fig. 5, 39;
Windsor Castle, reproduced by gracious permission of Her Majesty The Queen, fig. 115;
Courtesy of the lender, figs. 8, 98, 99, 100, 103, 104, 123, 136, 165, 170, 205, 206

COLLABORATEURS

CREDITS

Organisation de l'exposition du Musée de Louvre

Commissaire général: Michel Laclotte, *Conservateur en chef du Département des peintures du musée du Louvre*
Commissaire artistique: Sylvie Béguin, *Conservateur au Département des peintures du musée du Louvre*
Adjointe au commissaire: Anne Pingeot *du Département des sculptures du musée du Louvre*

Organisation de l'exposition de la Galerie nationale du Canada

Conseiller et intermédiaire: Joseph Martin, *Directeur adjoint*
Coordonnateur: Myron Laskin, jr, *Conservateur chargé de recherches en art européen*
Adjointe au coordonnateur: Louise d'Argencourt, *Adjointe au conservateur chargé de recherches en art européen*
Projets spéciaux: Gyde V. Shepherd, *Conservateur de l'art européen*
Contribution spéciale: Ella McLaren
Inspection des œuvres: Mervyn Ruggles
Réception des œuvres: Dorothea Coates, Mayo Graham
Mouvement et douanes: Georges Granger
Préposé aux installations: John MacGillivray

Révision du texte anglais: Peter Smith
Révision des photographies: Allison Lang
Préposé à la production: Arnold Witty

Organizers for The Louvre

General Organizer: Michel Laclotte, *Chief Curator, Department of Paintings, The Louvre*
Organizer of the Exhibition: Sylvie Béguin, *Curator, Department of Paintings, The Louvre*
Special Assistant: Anne Pingeot, *Department of Sculpture, The Louvre*

Arrangements for the National Gallery of Canada

Adviser and Negotiator: Joseph Martin, *Assistant Director*
Coordinator: Myron Laskin, Jr., *Research Curator of European Art*
Special Assistant: Louise d'Argencourt, *Assistant Research Curator of European Art*
Special Assignments: Gyde V. Shepherd, *Curator of European Art*
Special Assistance: Ella McLaren
Inspection of Works: Mervyn Ruggles
Reception of Works: Dorothea Coates, Mayo Graham
Traffic and Customs: Georges Granger
Installations: John MacGillivray

Editor of English text: Peter Smith
Photograph Editor: Allison Lang
Production: Arnold Witty

Présentation: Eiko Emori

Design: Eiko Emori